# प्रयोगात्मक प्रसूचीकरण
## (एएसीआर-2)


**सी.लाल**

आगरा कॉलेज, आगरा

एवम्

**के.कुमार**



**Ess Ess Publications**

4837/24, Ansari Road, Darya Ganj,
New Delhi-110002
✆ : 23260807, 51563444
Fax : 011-51563334
E-mail: info@essessreference.com
url.http://www.essessreference.com

**First Published 2006**

**ISBN : 81-7000-487-X**

**Price : Rs. 825/-**



*Published by :*

**Ess Ess Publications**

4837/24, Ansari Road, Darya Ganj,
New Delhi - 110 002
✆ : 23260807, 51563444
Fax : 011-51563334
E-mail: info@essessreference.com
url:http://www.essessreference.com

*Laser Typesetting:*

**Mukesh Graphics**

T-1264, Mangolpuri, New Delhi
Ph. : 27922304, 9899079035
E-mail:mukeshgraphics29@yahoo.com

*Printed at :*
Print Line

# भूमिका

आज **प्रसूचीकरण**, ग्रन्थालय एवम् सूचना विज्ञान के क्षेत्र में एक परिपूर्ण विषय बन चुका है। विभिन्न प्रकार के प्रलेखों को प्रसूचीकरण करने हेतु दो प्रसूची संहिताएँ (अ) अनुवर्ग प्रसूची संहिता (सीसीसी) तथा (ब) एंग्लो-अमेरिकन कैटालॉगिंग रूल्स-2 (एएसीआर-2) प्रचलित हैं जिनके द्वारा विभिन्न पाठ्यक्रमों में सिखाया एवम् पढ़ाया जाता है। **सीसीसी** के माध्यम से प्रसूचीकरण करने हेतु हिन्दी एवम् अँग्रेजी दोनों भाषाओं में हमारी पुस्तक **प्रयोगात्मक प्रसूचीकरण (सीसीसी)** (Practical Cataloguing–CCC) देखी एवम् पढ़ी जा सकती हैं।

प्रस्तुत पुस्तक **प्रयोगात्मक प्रसूचीकरण (एएसीआर-2)** हमारी हिन्दी भाषा में एक ऐसी कृति है जिसमें विविध प्रकार के प्रलेखों से सम्बन्धित संलेखों का निर्माण **एएसीआर-2** प्रसूची संहिता के अनुसार करने के प्रत्येक नियम को भली-भाँति उदाहरणों के माध्यम से समझाने का प्रयास किया गया है। प्रत्येक उदाहरण में पहले ग्रन्थ से सम्बन्धित ग्रन्थात्मक विवरण का विश्लेषण कर समझाया गया है तदुपरान्त संलेखों का निर्माण किया गया है। प्रयोग की गई भाषा को अत्यन्त सरल रूप से रखा गया है जिससे जो बात कही जा रही है वह प्रसूची संलेख निर्माण करने वालों की समझ में आसानी से आ सके। इस प्रकार अपनी सामग्री के प्रस्तुतीकरण को देखते हुए यह आशा है कि पुस्तक छात्रों, प्रसूचीकारों आदि को अवश्य ही उपादेय एवम् लाभप्रद रहेगी।

पुस्तक की रचना में हमने कई कृतियों से विशेषकर इग्नू के पम्फलेटों से सहायता ली है हम उन सभी के लेखकों एवम् प्रकाशकों के प्रति आभार प्रकट करते हैं। साथ ही हम अपने पूज्य गुरू स्वर्गीय डॉ. एस.एम. त्रिपाठी जिनका अभी-अभी 2-3 माह पहले स्वर्गवास हुआ है के प्रति भी अत्यन्त कृतज्ञ हैं जिनके प्रोत्साहन से ही हम लेखन कार्य में आगे बढ़ सके।

अन्त में हम अपने प्रकाशक **मैसर्स एस. एस. पब्लिकेशन्स, नई दिल्ली** के स्वामी श्री सुमित सेठी के भी अत्यन्त आभारी हैं जिनके प्रयास से यह पुस्तक हमारे समक्ष आ सकी है। पुस्तक से सम्बन्धित परामर्श एवम् सुझाव सदैव स्वागत योग्य हैं।

कार्तिक पूर्णिमा, 2062. **सी.लाल**

दिनांक : 15.11.2005 **के.कुमार**

# विषय-तालिका

# 1
# प्रसूचीकरण
# (Cataloguing)

आप जब कभी किसी ग्रन्थालय में गये हों अथवा जाते हों तो ग्रन्थालय के प्रवेश द्वार (Main Gate) में प्रविष्ट करने के प्रश्चात् सर्वप्रथम आपको किसी दीवार के सहारे लकड़ी का एक बड़ा-सा बक्सा दिखाई पड़ता है जिसमें आगे खाने दिखाई पड़ते हैं। लकड़ी का यह बक्सा ग्रन्थालय की प्रसूची होती है। प्रसूची का प्रत्येक ग्रन्थालय में होना आवश्यक है पर वास्तव में लकड़ी का यह बक्सा ही ग्रन्थालय की प्रसूची नहीं होती है। इस बक्से की दराजों को आप खोलकर देखेंगे तो आप उनमें अनेक अनगिनत पत्रक (Cards) लगे पायेंगे जो व्यवस्थित क्रम में लोहे या पीतल की छड़ में पिरोये हुए होते हैं। इन पत्रकों पर ग्रन्थालय में उपलब्ध ग्रन्थों से सम्बन्धित विवरण प्रविष्ट किए हुए होते हैं। पत्रकों के समूह ही वास्तविक अर्थ में प्रसूची कहलाते हैं जो ग्रन्थालय में निहित सभी ग्रन्थों के लिए पत्रकों पर निर्मित प्रविष्टयों की एक वृहत् तालिका होती है।

ग्रन्थालयों में पत्रकों पर ग्रन्थों के विवरणों को प्रविष्ट करने की प्रक्रिया को **प्रसूचीकरण** (Cataloguing) कहा जाता है अर्थात इस बात को इस प्रकार भी कहा जा सकता है कि प्रसूची निर्माण की प्रक्रिया प्रसूचीकरण कहलाती है जहाँ प्रसूची ग्रन्थालय के समस्त ग्रन्थों की एक क्रमबद्ध तालिका अर्थात सूची होती है जो अन्य प्रकार की प्रचलित सभी सामान्य सूचियों की अपेक्षा विशेष गुणों से युक्त एक विशिष्ट प्रकार की सूची होती है इसलिए इसमें **प्र** प्रत्यय लगाने से यह शब्द एक विशेष सूची का अर्थ प्रकट करता है इसलिए ग्रन्थालयों के ग्रन्थों की सूची को मात्र सूची न कहकर **प्रसूची** कहना अत्यन्त अर्थगत तथा उपयुक्त दिखाई पड़ता है और इसी कारण ग्रन्थालय विज्ञान विशेषज्ञ सूची की अपेक्षा प्रसूची शब्द को ही वरीयता प्रदान कर अपने उपयोग में लाते हैं तथा प्रसूची का निर्माण करने की प्रक्रिया को **प्रसूचीकरण** कहते हैं।

प्रसूचीकरण, ग्रन्थालय एवम् सूचना विज्ञान का एक ऐसा विषय है जिसमें प्रसूची निर्माण हेतु ग्रन्थों से सम्बन्धित विभिन्न प्रकार के सम्भावित संलेखों का निर्माण किया जाता है। कुछ समय पहले तक प्रसूची निर्माण करने का कार्य सामान्य नियमों के आधार पर किया जाता था इसलिए मात्र सामान्य शब्द प्रसूचीकरण से ही इस प्रक्रिया को सम्बोधित किया जाता रहा है लेकिन वर्तमान में प्रसूचीकरण कार्य हेतु कई नवीन आधुनिक प्रसूची संहिताएँ विकसित हो चुकी हैं तथा विश्व स्तर पर प्रसूचीकरण कार्य में साम्यरूपता लाने हेतु अनेक मानकों का उपयोग किया जा रहा है और साथ ही कम्प्यूटरीकृत प्रसूचीकरण के क्षेत्र में भी दिन पर दिन विकास हो रहा है इसलिए वर्तमान में प्रसूचीकरण कार्य को **उन्नत् प्रसूचीकरण (Advanced Cataloguing)** कहा जा रहा है।

अब हम जान चुके हैं कि प्रसूचीकरण का अर्थ प्रसूची हेतु संलेखों का निर्माण करना है लेकिन प्रसूचीकरण करना सरल कार्य नहीं है। यह एक व्यावहारिक कला है जिसे अभ्यास से ही सीखा जा सकता है। ग्रन्थालय में जितने भी ग्रन्थ अधिग्रहीत किए जाते हैं उन सभी के लिए कई तरह के संलेख निर्मित किए जाते हैं। उनमें से सर्वाधिक महत्वपूर्ण संलेख, मुख्य संलेख होता है जिसमें ग्रन्थों से सम्बन्धित विस्तृत सूचना विभिन्न क्षेत्रों में प्रदान की जाती है तथा जो ग्रन्थ का पूर्ण विवरण प्रस्तुत करती है। यह एक ग्रन्थ के लिए केवल एक ही निर्मित की जाती है। मुख्य संलेख के अतिरिक्त **इतर** संलेखों का निर्माण भी पाठक के विभिन्न अभिगम बिन्दुओं जैसे – लेखक, आख्या, विषय, सहलेखक आदि के अन्तर्गत किया जाता है। इस प्रकार एक ग्रन्थ के लिए अनेक संलेख निर्मित किए जाते हैं लेकिन संलेखों का निर्माण **प्रसूची संहिताओं** में निहित नियमों के अनुसार ही किया जाता है।

वर्तमान में मात्र दो प्रसूची संहिताएँ (प्रसूची निर्माण करने के नियम) ही ऐसी हैं जो हमारे देश भारत में ग्रन्थालय एवम् सूचना विज्ञान के स्नातक तथा स्नातकोत्तर पाठ्यक्रमों के लिए संस्तुत हैं **सीसीसी** एवम् **एएसीआर-2**। सीसीसी के अनुसार प्रसूचीकरण करने हेतु हमारी पुस्तक **प्रयोगात्मक प्रसूचीकरण (अनुवर्ग प्रसूची संहिता)** का अवलोकन एवम् अध्ययन किया जा सकता है। **एएसीआर-2** का संक्षिप्त विवरण अगले अध्याय में प्रस्तुत है।

## 1.1 प्रसूची-पत्रक (Catologue Cards)

सैद्धान्तिक प्रसूचीकरण में प्रसूची की विशेषताओं का अध्ययन करने पर आपको ज्ञात हुआ होगा कि प्रसूची के लिए वर्णित सभी विशेषताएँ प्रसूची के पत्रक-स्वरूप (Card form) में ही सर्वाधिक विद्यमान हैं अन्य स्वरूपों जैसे शीफ, रजिस्टर अथवा पुस्तिका स्वरूप में ये सभी विशेषताएँ नहीं हैं। इसी कारण आजकल पिछले काफी समय से ग्रन्थालयों में पत्रक स्वरूप ही प्रसूची के निर्माण के लिए प्रयोग किया जा रहा है अर्थात ग्रन्थालय प्रसूची-पत्रकों पर ही निर्मित की जाती है।

प्रसूची के पत्रक-स्वरूप का प्रादुर्भाव फ्रान्स देश में हुआ। फ्रान्स देश की इतिहास प्रसिद्ध क्रान्ति (सन् 1889) के मध्य फ्रान्स देश के ग्रन्थालयों को नष्ट कर दिया गया था। देश में उस समय आर्थिक स्थिति कमजोर तथा कागज की कमी होने के कारण फ्रान्स सरकार ने ग्रन्थालयों में प्रसूची के निर्माण हेतु आर्मी के सभी सैनिकों से ताश के पत्तों को संग्रहीत करके प्रसूची के रूप में उपयोग में लिया था। इस तरह पत्रक-स्वरूप प्रसूची का प्रादुर्भाव फ्रान्स देश में हुआ और आगे चलकर इंग्लैण्ड तथा अमेरिका में भी इसका प्रचलन हो गया। भारत में इसका प्रचलन 20वीं शताब्दी में प्रारम्भ हुआ।

पत्रक-स्वरूप प्रसूची में प्रामाणिक आकार का मोटे कागज का एक पत्रक होता है। पत्रक का मानक आकार $12.5 \times 7.5$ सेमी अर्थात् $5 \times 3$ इंच होता है। पत्रक में नीचे की ओर बीचोबीच एक सुराख (Hole) होता है। इस सुराख में होकर लोहे अथवा पीतल की छड़ों में सभी पत्रकों को पिरोकर लकड़ी की बनी दराजों (Trays) में सजाया जाता है तथा दराजों को लकड़ी की बनी केबिनेट में व्यवस्थित किया जाता है। इस प्रकार प्रसूची किसी ग्रन्थालय के प्रसूची पत्रकों पर ग्रन्थों के विवरणों की प्रविष्टियों की एक श्रृंखला होती है। प्रविष्टियों को संलेख भी कहा जाता है।

## 1.2 प्रसूची-पत्रक की बनावट (Format)

प्रसूची-पत्रक में विभिन्न रेखाएँ होती हैं। प्रसूचीकरण करते समय इन रेखाओं का उपयोग किया जाता है अतः प्रसूची निर्माण करने वाले (Cataloguer) को इनके नाम तथा पत्रक में इनकी स्थिति के बारे में ज्ञान होना अति आवश्यक हैं। प्रसूची-पत्रक में ये रेखाएँ निम्न होती हैं।

(अ) **अग्र रेखा (Leading Line)** – यह प्रसूची-पत्रक के ऊपर के हिस्से में क्षैतिज रूप में (Horizontal) होती है तथा अन्य क्षैतिज रेखाओं की अपेक्षा अधिक गहरी तथा मोटी होती है जो लाल स्याही से अंकित की जाती है।

(ब) **प्रथम ऊर्ध्वाधर रेखा (First Indention)** – प्रसूची-पत्रक पर बाईं ओर प्रारम्भ से 8 अक्षरों की दूरी पर प्रथम ऊर्ध्वाधर रेखा होती है। इसे प्रथम शीर्ष (First Vertical) भी कहते हैं। यह भी लाल स्याही से गहरी एवम् मोटी अंकित होती है।

(स) **द्वितीय ऊर्ध्वाधर रेखा (Second Indention)** – प्रथम ऊर्ध्वाधर रेखा से दाहिनी ओर 4 अक्षरों की दूरी पर द्वितीय ऊर्ध्वाधर रेखा होती है। यह भी लाल स्याही से अंकित की हुई होती है।

(द) **हैन्गिंग ऊर्ध्वाधर रेखा (Hanging Indention)** – यदि मुख्य संलेख बनाते समय जब ग्रन्थ के लेखक का नाम इतना लम्बा हो कि वह प्रथम ऊर्ध्वाधर रेखा से प्रारम्भ करने पर भी अग्र रेखा में समाहित न हो सके तो उसके शेष भाग को हैंन्गिंग रेखा से लिखते हैं जो द्वितीय रेखा के बाद दो अक्षरों का स्थान छोड़कर प्रारम्भ होती है। यह एक तरह से काल्पनिक रेखा है।

(य) **सुराख/छिद्र (Hole)** – प्रसूची-पत्रक के नीचे के हिस्से में लेकिन दोनों ओर से बराबर दूरी पर बीचोबीच में एक सुराख होता है। उस सुराख में ही लोहे अथवा पीतल की छड़ को पिरोया जाता है।

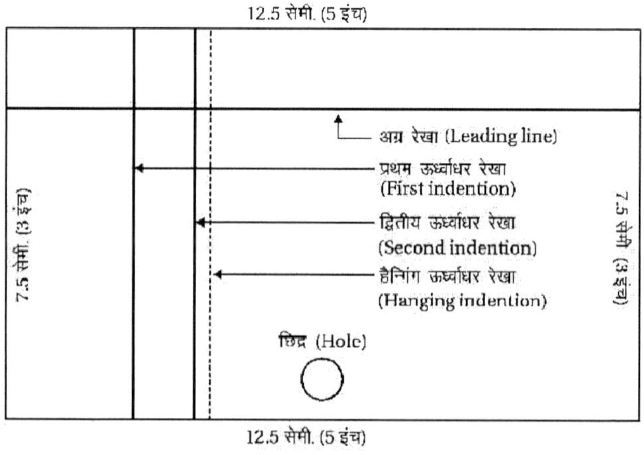

प्रसूची-पत्रक लाइनदार (Ruled), अर्द्ध-लाइनदार (Semi-ruled) तथा बिना लाइन के (Plain) होते हैं। यदि प्रसूचीकरण का कार्य हस्तलिपि में करना हो तो लाइनदार पत्रक अत्यधिक सुविधाजनक रहते हैं और यदि विवरण टंकण मशीन से टाइप किया जाना हो तो बिना लाइन के पत्रक उपयोग में लाये जाते हैं।

## 1.3 प्रसूचीकरण हेतु ग्रन्थों का विवरण प्राप्त करने के स्रोत (Sources for Cataloguing)

ग्रन्थों का प्रसूचीकरण करने हेतु प्रसूचीकार (Cataloguer) को ग्रन्थों से सम्बन्धित अनेक बातों की जानकारी प्राप्त करनी होती है। यह जानकारी कई स्रोतों से प्राप्त करनी पड़ती है जिनमें ग्रन्थ सन्दर्भ-सूची (Bibliographies) का भी कभी-कभी उपयोग किया जाता है। लेकिन प्रसूचीकरण के लिए वह ग्रन्थ ही प्रमुख स्रोत होता है जिसका प्रसूचीकरण किया जाना है। अब यह प्रश्न हमारे समक्ष आता है कि ग्रन्थ के वे कौन-कौन से प्रमुख पृष्ठ हैं जो प्रसूचीकरण हेतु ग्रन्थ का ग्रन्थात्मक विवरण प्राप्त करने हेतु स्रोत का कार्य करते हैं। ग्रन्थ के निम्न पृष्ठ प्रसूचीकरण हेतु अत्यन्त महत्वपूर्ण होते हैं –

**(अ) मुख-पृष्ठ (Title Page)** – मुख-पृष्ठ ग्रन्थ का मुख्य पृष्ठ होता है जो प्रसूचीकरण के लिए सर्वाधिक महत्वपूर्ण होता है तथा प्रसूचीकरण हेतु सर्वाधिक सूचनाएँ इसी पृष्ठ से प्राप्त होती हैं। मुख-पृष्ठ ग्रन्थ के आवरण पृष्ठ के बाद लगा मुद्रित पृष्ठ होता है जिस पर सामान्यतया सबसे ऊपर ग्रन्थ की आख्या एवम् उप-आख्या यदि कोई हो तो दी हुई रहती हैं। उसके बाद बीच में लेखकों अथवा सम्पादक/अनुवादक के नाम, उनके पद तथा स्थान के साथ दिए रहते हैं। इसके बाद पृष्ठ के निचले भाग में प्रकाशक का नाम, स्थान, प्रकाशन वर्ष, मूल्य इत्यादि दिया रहता है। संस्करण

> **ग्रन्थालय एवम् सूचना विज्ञान**
> **(द्वितीय संस्करण)**
>
> सी.लाल
> के.कुमार
>
> **एस.एस.पब्लीकेशन्स**
> दरियागंज, नई दिल्ली
>
> 1999 मूल्य 200/–

विवरण भी दिया रहता है। डा॰ रंगानाथन् ने ग्रन्थ के मुख-पृष्ठ पर अंकित सूचनाओं को प्रसूचीकरण हेतु **प्रामाणिक** माना है।

व्यक्ति ग्रन्थ के मुख-पृष्ठ को समझने में सामान्यतया भूल करते हैं। ग्रन्थ के आवरण (Cover) को मुख-पृष्ठ नहीं कहा जाता है। ग्रन्थ के अन्दर एक-दो पृष्ठों को छोड़कर जो पृष्ठ होता है तथा जिस पर उपरोक्त विवरण प्रस्तुत किया गया होता है वही ग्रन्थ का मुख-पृष्ठ कहलाता है।

**(ब) अर्द्ध मुख-पृष्ठ (Half Title Page)** – यह पृष्ठ मुख-पृष्ठ से लगा पूर्व पृष्ठ होता है जिस पर मात्र मुख्य रूप से ग्रन्थ की आख्या (Title) दी हुई रहती है तथा जिस पर लेखक एवम् प्रकाशन विवरण अंकित नहीं होता है। कभी-कभी इस पृष्ठ पर ग्रन्थमाला विवरण दिया रहता है। प्रसूचीकरण के लिए इस पृष्ठ की सूचना मुख-पृष्ठ न होने पर आवश्यक एवम् महत्वपूर्ण होती है।

**(स) पश्च मुख-पृष्ठ (Verso/Back of Title Page)** – मुखपृष्ठ के पीछे वाले पृष्ठ को पश्च-मुख-पृष्ठ कहा जाता है जिस पर कापीराइट वर्ष, आवृत्ति, मुद्रण-पुनर्मुद्रण, संस्करण, मुद्रक का नाम व पता, ग्रन्थ का मूल्य आदि अंकित रहते हैं। ग्रन्थालय में परिग्रहणकर्त्ता द्वारा दिया गया परिग्रहण क्रमांक (Accession Number), वर्गीकार द्वारा दिया गया वर्गांक एवम् ग्रन्थांक भी इसी पृष्ठ पर अंकित किये जाते हैं। इस पृष्ठ पर प्रस्तुत की गई सूचनाएँ भी प्रसूचीकरण के लिए महत्वपूर्ण होती हैं तथा इनका मानकीकरण करने का सुझाव डा॰ रंगानाथन् ने दिया है जिससे प्रसूचीकार को प्रसूचीकरण हेतु अन्य बातों पर निर्भर न रहना पड़े। इस पृष्ठ की सूचनाएँ ग्रन्थ के मुख्य संलेख के निर्माण में विशेष रूप से उपयोग की जाती हैं।

**********

# 2

# एएसीआर-2
# (AACR-2 : Anglo American Cataloguing Rules-2)

इस प्रसूचीकरण संहिता का जन्म 1908 में तब हुआ जब अँग्रेजी भाषा-भाषी देशों में प्रसूची संलेखों के निर्माण में साम्यरूपता स्थापित करने के उद्देश्य से अमेरिकी ग्रन्थालय संघ तथा ब्रिटिश ग्रन्थालय संघ ने सम्मिलित प्रयास किए थे। इन दोनों के सम्मिलित प्रयास से **एँग्लो-अमेरिकन कैटालॉगिंग रूल्स-ऑथर एण्ड टाइटिल एन्ट्रीज** के नाम से एक नवीन प्रसूची संहिता का जन्म हुआ जिसे संक्षेप में **एएसीआर** (AACR) कहते हैं। 1961 में हुए पेरिस सम्मेलन के प्रयासों के फलस्वरूप 1967 में इसका प्रकाशन हुआ जिसे एएसीआर-1 का नाम दिया गया। इसके बाद इसका द्वितीय संस्करण **एएसीआर-2** के नाम से 1978 में प्रकाशित हुआ जो एक उत्तम संस्करण प्रमाणित हुआ जिसमें आधारभूत सिद्धान्तों को व्यक्त किया गया है जो संहिता की आत्मा हैं। इसके प्रथम भाग में विवरणात्मक नियमों को प्रस्तुत किया है द्वितीय भाग में शीर्षकों/अभिगम बिन्दुओं के निर्धारण एवम् संस्थापना के लिए नियम हैं।

**एएसीआर-2** का प्रयोग 1981 में प्रारम्भ कर दिया गया था। इस प्रसूची संहिता के इस संस्करण में लेखक से सम्बन्धित समस्याओं का समाधान उत्तम ढंग से किया गया था फिर भी नित्य प्रति उत्पन्न हो रहे विविध प्रकार के सूचना स्रोतों से सम्बन्धित नियम पूर्णतः अपर्याप्त थे। इसलिए कुछ संशोधन करते हुए वर्तमान में इसके तीन संशोधित स्वरूप क्रमशः 1982, 1984 एवम् 1986 में जारी किए गए। इसके बाद इस संहिता का व्यापक उपयोग होने लगा। इसका अगला संस्करण निकलने ही वाला था कि उस सम्बन्ध में यह सोचा गया कि इसे तृतीय संस्करण के स्थान पर **एएसीआर-2 संशोधित (AACR-2R)** के नाम से जाना जाए। इस संस्करण में अनेक अपेक्षित संशोधन किए गए हैं।

**एएसीआर-2** प्रसूची संहिता के निर्माण में अमेरिकन लाइब्रेरी एसोशियेशन, आस्ट्रेलियन कमेटी ऑन कैटालॉगिंग, ब्रिटिश लाइब्रेरी, कनेडियन कमैटी ऑन कैटालॉगिंग, लाइब्रेरी ऐसोसियेशन तथा लाइब्रेरी ऑफ कॉग्रेस ने मिलकर किया है जिसके सम्पादक **माइकल गोरमेन** तथा **पॉल डब्ल्यू बिन्कलर** थे। इस प्रसूची संहिता के मुख्य रूप से दो भाग हैं। मुख्य भाग के पहले भाग में विभिन्न प्रकार के प्रलेखीय और अपुस्तकीय सामग्री से सम्बन्धित नियमों का वर्णन है तथा दूसरे भाग में उन नियमों को किस तरह चयन करना है तथा उनके प्रस्तुतीकरण के सम्बन्ध में नियमों की व्याख्या की गई है। दोनों ही भागों में नियमों का व्यवस्थापन सामान्य से विशिष्ट की ओर है।

चूँकि एएसीआर-2 एक सर्वानुवर्णी (Dictionary) प्रसूची है इसलिए उपयोक्ताओं को उनकी आवश्यकता के अनुरूप सामग्री मिल सके इसलिए यह प्रसूची संहिता निम्न प्रकार के संलेखों को मान्यता प्रदान करती है।

## एएसीआर-2 के अनुसार संलेख

1. मुख्य संलेख
2. इतर संलेख
   - 2.1 सहलेखक संलेख
   - 2.2 सहकारक संलेख (यदि कोई हो)
   - 2.3 आख्या संलेख
   - 2.4 विषय संलेख
   - 2.5 ग्रन्थमाला संलेख
3. सन्दर्भ संलेख
4. वैश्लेषिक संलेख

**********

# 3
# मुख्य संलेख
# (Main Entry)

एएसीआर-2 में मुख्य संलेख को किसी ग्रन्थ के पूर्ण ग्रन्थपरक अभिलेख के रूप में परिभाषित किया गया है। मुख्य संलेख में ही अन्य शीर्षकों हेतु संकेत क्षेत्र में उल्लेख किया जाता है जिनके अन्तर्गत अभिलेख प्रसूची में प्रदर्शित किया जाना है। एएसीआर-2 प्रसूची संहिता के अनुसार मुख्य संलेख समान्यतया लेखक संलेख होती है तथा कुछ प्रकरणों में प्रलेख की प्रकृति के आधार पर आख्या संलेख भी मुख्य संलेख हो जाती है।

## 3.1 मुख्य संलेख के क्षेत्र (Various Areas of Main Entry)

एएसीआर-2 के नियम 2.0B 2 के अनुसार मुख्य संलेख में निम्न सूचना क्षेत्र होते हैं –

1. आख्या एवम् उत्तरदायित्व क्षेत्र
2. संस्करण विवरण क्षेत्र
3. सामग्री अथवा प्रकाशन के प्रकार का विशिष्ट विवरण क्षेत्र
4. प्रकाशन/वितरण क्षेत्र
5. भौतिक विवरण क्षेत्र
6. ग्रन्थमाला क्षेत्र
7. टिप्पणी क्षेत्र
8. मानक ग्रन्थ संख्या क्षेत्र

लेकिन पत्रक पर मुख्य संलेख के निम्न भाग होते है –

1. क्रामक संख्या
2. शीर्षक
3. आख्या एवम् उत्तरदायित्व विवरण क्षेत्र

4. संस्करण क्षेत्र
5. प्रकाशन/विवरण क्षेत्र
6. भौतिक विवरण क्षेत्र
7. ग्रन्थमाला क्षेत्र
8. टिप्पणी क्षेत्र
9. मानक संख्या एवम् उपलब्धता की शर्ते
10. परिग्रहण संख्या क्षेत्र
11. संकेतन क्षेत्र

**विभिन्न क्षेत्रों का प्रसूची-पत्रक पर स्थान**

| क्रामक अंक | लेखक का नाम |
|---|---|
| परिग्रहण संख्या | मुख्य आख्या = समानान्तर आख्या : उपआरका/ मुख्य उत्तरदायित्व का विवरण ; अन्य सहकारकों का विवरण.– संस्करण विवरण/प्रथम संस्करण विवरण से सम्बन्धित उत्तरदायित्व का विवरण.– अन्य प्रकार के प्रकाशन का विवरण.– प्रकाशन का स्थानः प्रकाशक का नाम, प्रकाशन वर्ष.<br>पृष्ठों की संख्या; ग्रन्थ का आकार.– (ग्रन्थमाला/ ग्रन्थमाला सम्पादक, आईएसएसएन ग्रन्थमाला; ग्रन्थमाला का क्रमांक)<br>टिप्पणी<br>अन्तर्राष्ट्रीय मानक ग्रन्थ संख्या<br>संकेतन |

**मुख्य संलेख में विभिन्न क्षेत्र एवम् डेटा तत्व**

प्रत्येक प्रलेख का विवरण क्षेत्रों में श्रेणीबद्ध किया जाता है तथा प्रत्येक क्षेत्र में ग्रन्थ से सम्बन्धित डेटा तत्व अंकित किए जाते हैं। प्रत्येक विवरण का क्षेत्र विराम चिन्हों ही सहायता से जुड़ा होता है – जिसमें **फुलस्टाप, स्पेस, डैश तथा स्पेस** (· –) विराम चिन्ह होते हैं तथा डेटा तत्व विभिन्न विराम चिन्हों से जुड़े होते हैं। विवरण के क्षेत्र निम्न प्रकार हैं।

**3.1.1 क्रामक संख्या (Call Number)** – क्रामक संख्या ग्रन्थ को व्यक्तिगत

रूप प्रदान करने तथा उसका अभिज्ञान करने का कार्य करती है। क्रामक संख्या में ग्रन्थ की वर्ग संख्या तथा लेखक संख्या होती है लेकिन कभी-कभी संग्रह संख्या एवम् ग्रन्थ संख्या भी इसमें सम्मिलित की जाती है। क्रामक संख्या वर्गीकार (Classifier) द्वारा वर्गीकरण करते समय ग्रन्थ के मुखपृष्ठ के पिछले पृष्ठ पर अंकित करदी जाती है जिसमें से वर्ग संख्या **डीडीसी** अथवा **सीसी** वर्गीकरण पद्धतियों में से किसी एक के द्वारा दी जाती है। क्रामक संख्या मुख्य संलेख में लिखने का नियम एएसीआर-2 में यह है कि वर्ग संख्या क्षैतिज रेखा (अग्ररेखा) से एक पंक्ति ऊपर पत्रक के बायें किनारे से एक अक्षर का स्थान छोड़कर अंकित की जाती है तथा ग्रन्थ संख्या बिल्कुल उसके नीचे अग्र रेखा पर अंकित की जाती है।

**3.1.2 शीर्षक (Heading)**— शीर्षक मुख्य संलेख का सर्वाधिक महत्वपूर्ण तत्व होता है। इसमें मुख्य रूप से ग्रन्थ के उत्तरदायित्व अर्थात ग्रन्थ के लेखक का विवरण अंकित किया जाता है। साधारणतया इस क्षेत्र में ग्रन्थ के लेखक का नाम प्रथम शीर्ष से प्रारम्भ करके अग्र रेखा पर अंकित किया जाता है तथा अनुवर्ती पंक्तियाँ द्वितीय शीर्ष से प्रारम्भ होती हैं। ग्रन्थ के लेखक का कुलनाम पहले तथा कौमा लगाकर बाद में व्यक्तिगत नाम अंकित करते हैं। सबसे अन्त में पूर्ण विराम (.) नहीं लगाया जाता है जैसा कि **सीसीसी** में लगाते हैं।

**लेखक से सम्बन्धित कुछ नियम निम्न प्रकार हैं –**

(अ) यदि ग्रन्थ के 2 या 3 लेखक हैं तथा किसी को भी महत्व प्रदान नहीं किया गया तो मुख्य संलेख प्रथम लेखक के नाम से बनाई जाती है।

(ब) यदि ग्रन्थ के 2 या अधिक लेखक हैं तथा उनमें से किसी एक को दीर्घ अक्षरों/बोल्ड अक्षरों में लिखकर या किसी अन्य तरह से प्रमुखता प्रदान की गई है जैसा कि निम्न उदाहरणों में दर्शाया गया है –

| | | |
|---|---|---|
| R.K. Gupta | R.K. Gupta | R.K. Gupta |
| K.K. Singh | **K.K. Singh** | with |
| and | and | K.K. Singh |
| V.K. VERMA | V.K. Verma | V.K. Verma |

तो ऐसी स्थिति में मुख्य संलेख उसी प्रमुख नाम के अन्तर्गत निर्मित की जाती है। जैसे पहले उदारहण में V.K. Verma नाम के अन्तर्गत बनाई जायेगी क्योंकि इस नाम को दीर्घ अक्षरों (Capitals) में लिखकर प्रमुखता दी गई है। दूसरे उदाहरण में K.K. Singh नाम को बोल्ड अक्षरों में लिखकर प्रमुखता दी गई है तथा तीसरे उदाहरण में R.K. Gupta नाम को शब्दावली के द्वारा प्रमुखता दी गई है। अतः इन्हीं नामों के अन्तर्गत मुख्य संलेख निर्मित की जायेंगी।

अन्य नामों से इतर संलेख निर्मित की जाती हैं।

(स) यदि ग्रन्थ के 3 से अधिक लेखक हैं तो मुख्य संलेख आख्या के अन्तर्गत निर्मित की जाती है तथा इतर संलेख केवल प्रथम लेखक के नाम से निर्मित की जाती है तथा उत्तरदायित्व प्रदर्शित करने में भी प्रथम लेखक का ही नाम अंकित किया जाता है तथा तीन बिन्दु लगाकर (...) et.al शब्द बड़े कोष्ठक में लिखा जाता है जैसे– R.K. Gupta ... [et.al]

मुख्य संलेख आख्या के अन्तर्गत बनाते समय अनुवर्ती पंक्तियाँ द्वितीय शीर्ष से प्रारम्भ होती हैं। इस प्रकार की Transcribing हैगिंग शीर्ष (Hanging Indention) कहलाती है। इसमें सहकारक, संस्करण, प्रकाशन, भौतिक विवरण आदि सभी प्रकार की सूचनाएँ द्वितीय शीर्ष से प्रारम्भ होती हैं।

(द) यदि किन्हीं दो लेखकों को मुखपृष्ठ पर प्रमुखता दी गई है तो पहले महत्व प्रदान किए गये नाम से मुख्य संलेख निर्मित किया जायेगा। अन्य के नाम से इतर संलेख निर्मित किए जायेंगे।

(य) यदि ग्रन्थ का लेखक न होकर सम्पादक अथवा संकलनकर्त्ता है तो मुख्य संलेख आख्या के अन्तर्गत निर्मित किया जाता है तथा सम्पादक के नाम से इतर संलेख निर्मित किया जाता है।

### 3.1.3 आख्या एवम् उत्तरदायित्व का विवरण क्षेत्र (Title and Statement of Responsibility Area)

**इस क्षेत्र में निम्न डेटा तत्व निहित होते हैं –**

(अ) **मुख्य आख्या (Proper Title)** – मुख्य आख्या को उन्हीं शब्दों, उसी

क्रम तथा उसी वर्तनी में ज्यों का त्यों लिखा जाती है जैसी ग्रन्थ के मुख पृष्ठ पर लिखी होती है। यह द्वितीय शीर्ष से प्रारम्भ की जाती है और यदि आवश्यकता हो तो दूसरी पंक्ति प्रथम शीर्ष से प्रारम्भ की जाती है यदि कोई वैकल्पिक आख्या है तो यह भी आख्या का ही एक भाग होती है इसलिए इसे भी आख्या के बाद or शब्द लगाकर लिखा जाता है। or शब्द के पहले तथा बाद दोनों ओर कौमा लगाये जाते हैं। वैकल्पिक आख्या का प्रथम अक्षर कैपीटल अक्षर से प्रारम्भ होता है। **उदाहरण**

A book of bits, or, A bit of book/by Allen Kent.

**(ब) सामान्य सामग्री पद (General Material Designation - GMD)** – यह सामग्री के प्रकार को प्रदर्शित करती है यह ऐच्छिक कार्य है। एएसीआर-2 दो प्रकार के सामान्य सामग्री पद प्रदान करती है (अ) ब्रिटेन में उपयोगी (ब) उत्तरी अमेरिका में उपयोगी। इनकी एक वृहत तालिका प्रस्तुत की गई है जिसमें से पदों को विवरण में उपयोगी किया जाता है जिनके लिए सामान्य सामग्री पद प्रस्तुत किए गये हैं। सामान्य सामग्री पद को बड़े कोष्ठक में अंकित किया जाता है जो आख्या के तुरन्त बाद ही अंकित किया जाता है। **उदाहरण** –

Roads of New Delhi [Cartographic material]

**(स) समानान्तर आख्या (Parallel Title)** – किसी ग्रन्थ की आख्या के अन्य भाषा में लिखे नाम को समानान्तर आख्या कहते हैं तथा यह मुख्य आख्या के बाद बराबर का चिन्ह (=) लगाकर उसी क्रम में अंकित की जाती है जिस प्रकार ग्रन्थ के मुखपृष्ठ पर अंकित होती है। **उदाहरण** –

On world government = De monarchia /

**(द) आख्या से सम्बन्धित अन्य सूचना (Other informations)** – यदि किसी ग्रन्थ की उप-आख्या भी दी गई है तो उसे मुख्य आख्या या समानान्तर आख्या के बाद अंकित किया जाता है जिससे यह जुड़ी होती है। उप आख्या

कोलन (:) लगाने के बाद अंकित की जाती है पर ध्यान रहे कोलन के बाद उपआख्या का प्रथम अक्षर दीर्घ नहीं किया जाता है। **उदाहरण** –

| | | |
|---|---|---|
| | | Strike towards freedom : the Montgomery |
| | story/by Martin Luther King. | |

**(य) उत्तरदायित्व का विवरण (Statement of Responsibility)** – इसका अर्थ ग्रन्थ के लेखन के उस व्यक्ति से होता है जो उसके लिए उत्तरदायी होता है। दूसरे शब्दों में यह लेखक विवरण होता है। आख्या लिखने के बाद एक तिर्यक रेखा (Diagonal Slash) लगाया जाता है उसके बाद लेखक का नाम सीधे रूप में अंकित किया जाता है। यदि एक से अधिक विवरण हैं तो उनके मध्य सेमीकोलन (;) का चिन्ह लगाया जाता है। **उदाहरण** –

| | | |
|---|---|---|
| | | |
| | story by A | Strike towards freedom : the Montgomery / by Martin Luther King ; with an introduction ustin Dobson; illustrated by Hugh Thomson. |

### 3.1.4 संस्करण क्षेत्र (Edition Area)

एएसीआर-2 के नियम संख्या 1.2B1 के अनुसार ग्रन्थ का संस्करण उसी प्रकार अंकित किया जाता है जैसा कि ग्रन्थ में पाया जाता है। शब्दों के स्थान पर मानक संक्षिप्त शब्द या अंक उपयोग किये जाते हैं। संस्करण क्षेत्र से पहले **फुल स्टॉप, स्पेस, डेश तथा स्पेस** वाला सिद्धान्त उपनाया जाता है। **उदाहरण** –

| | | |
|---|---|---|
| | Sharma, Gokul Chandra | |
| | | Integral calculus = Avkalan Ganit/by Gokul |
| | Chandra Sharma . – 3rd ed. | |

### 3.1.5 प्रकाशन/वितरण क्षेत्र (Publication / Distribution Area)

इस क्षेत्र में प्रकाशन के स्थान, नाम तथा वर्ष के बारे में सूचना अंकित की जाती है। यदि वितरक है तो उसकी भी सूचना प्रकाशन की तरह ही अंकित की जाती है। पहले प्रकाशन या वितरण का स्थान उसके बाद कोलन (:) उसके बाद प्रकाशक का नाम फिर कौमा (,) लगाकर प्रकाशन का वर्ष अंकित किया जाता है।

कभी-कभी प्रकाशन का स्थान प्रसिद्ध नहीं होता है तब इसकी पहचान कराने के लिए उसके साथ ही संक्षेप में वृताकार कोष्ठकों में सम्बन्धित देश या प्रान्त का नाम भी लिख दिया जाता है। **उदाहरण** –

· – Englewood Cliffs (New Jersey): Prentice-Hall, 1986.

· – San Rafael [Calif.] : Down Horse Press, 1986.

कभी-कभी ग्रन्थ के प्रकाशन की वर्ष न दी जाकर कापीराइट वर्ष दी जाती है तब उस वर्ष का अंकन करते समय उससे पहले कापीराइट के लिए लघु अक्षर सी (c) का प्रयोग करते हैं। **उदाहरण** –

· – Agra : Ram Prasad, c1987.

यदि किसी ग्रन्थ के दो प्रकाशक मुखपृष्ठ पर अंकित हैं तो नियम 1.4 B8 के अनुसार दोनों को मुख्य संलेख में अंकित किया जाता है यदि प्रथम प्रकाशन उस देश में स्थित नहीं है जिसमें पुस्तक प्रकाशित हुई है। **उदाहरण** –

· –London:Kagon Page; New York: Nicolus Publishing, 1988.

### 3.1.6 भौतिक विवरण क्षेत्र (Physical Description Area)

भौतिक विवरण से अर्थ ग्रन्थ की खण्ड संख्या, पृष्ठों की संख्या, चित्र, तथा ग्रन्थ के आकार से होता है। इसे पृष्ठांकन (Collation) भी कहते हैं। इसे अलग पंक्ति पर द्वितीय शीर्ष से अंकित करते हैं। **उदाहरण** –

3v, xvii, 390 p. ; illus.; 23 cm.

पहले ग्रन्थों की पृष्ठ संख्या लिखकर p अक्षर लिखते हैं तथा फुलस्टॉप लगाते हैं उसके बाद सेमीकोलन लगाकार यदि ग्रन्थ में illustrations है तो उसके लिए ill शब्द अंकित करते हैं अन्त में ग्रन्थ की ऊँचाई सेन्टीमीटर

में अंकित की जाती हैं। ग्रन्थ की ऊँचाई से सम्बन्धित कुछ नियम हैं जो निम्न प्रकार हैं –

(अ) यदि ग्रन्थ की ऊँचाई भिन्न (Fraction) रूप में जैसे 19.6 सेमी या 13.2 सेमी है तो ऐसी भिन्नों को अगले पूर्ण अंक में बदल कर अंकित करते हैं।

(ब) यदि किसी ग्रन्थ की ऊँचाई 10 सेमी से कम है तो उसे **मिमी** से अंकित करते हैं। जैसे 95 मिमी.।

(स) यदि किसी ग्रन्थ की चौड़ाई उसकी ऊँचाई की आधी से कम या अधिक है तब चौड़ाई को लम्बाई के साथ गुणा का चिन्ह (×) लगाकर प्रदर्शित किया जाता है। **उदाहरण** –

23×10 cm.

### 3.1.7 ग्रन्थमाला क्षेत्र (Series Area)

कभी-कभी ग्रन्थ, ग्रन्थमालाओं के अधीन प्रकाशित होते हैं। यह सूचना भौतिक विवरण क्षेत्र के बाद अंकित की जाती है जो लघु कोष्ठक के अन्दर अंकित की जाती है। ग्रन्थमाला क्षेत्र से पहले भी **फुलस्टाप, स्पेस, डेश, स्पेस** सिद्धान्त लागू किया जाता है। कुछ ग्रन्थमालाओं के कुछ अन्य तत्व भी दिए हुए होते हैं जैसे कि –

(अ) ग्रन्थमाला का उत्तरदायित्व विवरण अर्थात ग्रन्थमाला का सम्पादक

(ब) उप-ग्रन्थमाला

(स) अन्तर्राष्ट्रीय मानक धारावाहिक संख्या (ISSN)

(द) ग्रन्थमाला या उप-ग्रन्थमाला की संख्या

एएसीआर-2 के अनुसार ग्रन्थमाला का उल्लेख ग्रन्थमाला क्षेत्र में किया जाता है यदि ग्रन्थमाला की कोई संख्या भी है तो उसको ग्रन्थमाला के एक भाग के रूप में ग्रन्थमाला की आख्या के बाद निम्न प्रकार उल्लेख करते हैं –

. – (Business management series; 2)

. – (Psychology of human series; v.6)

. – (Library science series ; no. 8)

ग्रन्थमाला के सम्पादक के सम्बन्ध में एएसीआर-2 के नियम 1.6 F के अनुसार उसी स्थिति में सम्पादक का नाम का उल्लेख किया जाता है जब ग्रन्थमाला को सम्पादक के बिना पहचान करने में कठिनाई का अनुभव हो। जैसे–

Map supplement / Association of American Geographers
Technical memorandum / Beach Erosion Board
Research Monographs / Institute of Economic Affairs

ऐसी स्थिति में ही एएसीआर-2 के अनुसार ग्रन्थमाला के सम्पादक अर्थात उत्तरदायित्व के लिए एक अतिरिक्त संलेख निर्मित की जाती है।

### 3.1.8 टिप्पणी क्षेत्र (Note Area)

प्रलेख से सम्बन्धित कुछ ऐसी सूचना उन क्षेत्रों में नहीं प्रस्तुत की जा सकती जो अभी ऊपर वर्णित किए गए हैं। जैसे ग्रन्थ के बारे में कोई टिप्पणी इत्यादि। टिप्पणियाँ सामान्यतया एक अलग लाइन से अंकित की जाती हैं। यह टिप्पणियाँ निम्न में से किसी के भी बारे में हो सकती हैं –

(अ) ग्रन्थ के संस्करण या मुद्रण के इतिहास से सम्बन्धित ।
(ब) ग्रन्थसूची अथवा अनुक्रमणिका की टिप्पणी ।
(स) विषय सूची के बारे में टिप्पणी ।
(द) उत्तरदायित्व के बारे में टिप्पणी ।
(य) आख्या से सम्बन्धित सूचना ।
(र) प्रकाशन अथवा वितरण सम्बन्धी टिप्पणी ।
(ल) ग्रन्थ की मूल प्रति के बारे में टिप्पणी ।

इन में कोई भी टिप्पणी यदि उपयोक्ताओं हेतु उपयोगी है तो वह प्रस्तुत की जा सकती है।

Previous ed published as: What shall I do with a hundred years ?, 1982.

इस टिप्पणी से यह ज्ञात होता है कि यह ग्रन्थ पहले किसी अन्य नाम से भी प्रकाशित हो चुका है।

### 3.1.9 मानक संख्या एवम् उपलब्धता की शर्ते (Standard Number Area)

इस क्षेत्र में मानक ग्रन्थ संख्या अथवा अन्तर्राष्ट्रीय मानक ग्रन्थ संख्या यदि दी गई है तो वह अंकित की जाती है। मानक संख्या एवम् उपलब्धता क्षेत्र की शर्तों को टिप्पणी क्षेत्र के अन्तिम भाग के बाद एक नवीन अनुच्छेद में अंकित की जाती हैं। इस क्षेत्र में ग्रन्थ की उपलब्धता की शर्ते जैसे मूल्य आदि की भी सूचना अंकित की जाती है। पहले ग्रन्थ का मूल्य परिग्रहण रजिस्टर तथा निधानी सूची में ही अंकित किया जाता था। अब नवीन नियमों के अनुसार ग्रन्थ का मूल्य इस क्षेत्र में भी दिया जाने लगा है। यदि ग्रन्थ की सूचना राष्ट्रीय ग्रन्थ सूची में प्रस्तुत की जा रही है तो उस स्थिति में यह सूचना उपयोगी होती है। इस क्षेत्र में सूचना निम्न प्रकार दी जाती है–

(अ) मानक संख्या जैसे आईएसबीएन अथवा आईएसएसएन।

(ब) क्रमिक प्रकाशन है तो उसकी आख्या की सूचना।

(स) उपलब्धता की शर्तें आदि जैसे – मूल्य अथवा उनकी उपलब्धता किसके लिए है।

कभी-कभी ग्रन्थ की दो ISBN संख्याएँ दी गई होती हैं तो नियम के अनुसार दोनों को अलग-अलग पंक्तियों में अंकित किया जाता है। **उदाहरण** –

ISBN-85038-1 (Kogan Page)
ISBN-89397-132-4 (Nicolus)

### 3.1.10 परिग्रहण संख्या (Accession Number)

परिग्रहण संख्या किसी ग्रन्थ की क्रम संख्या होती है जिस क्रम पर वह ग्रन्थालय में उपलब्ध होकर परिग्रहण रजिस्टर में प्रविष्ट किया जाता है। इसे मुख्य संलेख में अंकित करने का कोई निश्चित नियम नहीं है लेकिन साम्यरूपता की दृष्टि से यह प्रथम शीर्ष से प्रारम्भ करके प्रसूची पत्रक की चतुर्थ पंक्ति में अंकित किया जा सकता है। परिग्रहण संख्या भी केवल ग्रन्थालय के उपयोग हेतु ही होती है इससे पाठक को कोई लाभ नहीं होता है।

### 3.1.11 संकेतन (Tracing)

संकेतन एक अलग क्षेत्र होता है। शब्दकोशीय प्रसूची में यह अन्तिम क्षेत्र होता है। इस क्षेत्र में प्रलेख हेतु कौन-कौन सी इतर संलेख और बनना सम्भव है उनके शीर्षकों का उल्लेख किया जाता है। यह क्षेत्र विस्तृत रूप से दो भागों में विभाजित होता है पहले भाग में ग्रन्थ के विषय से प्राप्त विषय-शीर्षक अरैबिक संख्याओं के क्रम में प्रस्तुत किए जाते हैं। एएसीआर-2 में विषय-शीर्षक **सीयर्स लिस्ट ऑफ सब्जेक्ट हैडिंग्स** के द्वारा निकाले जाते हैं जबकि सीसीसी में शृंखला प्रक्रिया इस कार्य हेतु उपयोग में लाई लाती है। प्रयोगात्मक कार्य करते समय **सीयर्स लिस्ट** उपलब्ध कराई जाती है।

संकेतन के द्वितीय भाग में सहलेखक, सहकारक, आख्या एवम् ग्रन्थ माला के शीर्षकों को रोमन संख्याओं के क्रम में प्रस्तुत किया जाता है। ग्रन्थमाला सदैव अन्तिम पद होता है। यदि कोई ग्रन्थमाला नहीं है तो आख्या अन्तिम पद होती है। सहलेखक तथा सहकारक के नाम लिखते समय कुलनाम पहले तथा आद्यनाम बाद में लिखे जाते हैं।

संकेतन क्षेत्र मुख्य रूप से ग्रन्थालय के स्टाफ को ही उपादेय होता है जो मुख्य संलेख से सम्बद्ध इतर संलेख का निर्माण करता है। उपयोक्ता को इस संकेतन अनुच्छेद से कोई लाभ नहीं होता है। इसलिए कुछ विद्वान मुख्य संलेख में संकेतन में दी जाने वाली सूचना को बन्द करने के पक्ष में है। संकेतन अनुच्छेद में निम्न सूचनाएँ दी जाती हैं –

(अ) विषय शीर्षक ।

(ब) सहलेखकों, सहकारकों इत्यादि के लिए शीर्षक ।

(स) आख्या इतर संलेख के लिए शीर्षक ।

(द) ग्रन्थमाला इतर संलेख के लिए शीर्षक ।

प्रसूची-पत्रक में उपरोक्त क्षेत्रों की स्थिति निम्न चित्र में दर्शायी गई है –

**(अ) हिन्दी में** –

| वर्ग संख्या<br>ग्रन्थ संख्या | शीर्षक | क्षेत्र |
|---|---|---|
| परिग्रहण संख्या | | आख्या एवम् उत्तरदायित्व विवरण क्षेत्र · – संस्करण विवरण · – प्रकाशन/वितरण क्षेत्र.<br>भौतिक विवरण क्षेत्र · – (ग्रन्थमाला क्षेत्र).<br>टिप्पणी क्षेत्र<br>मानक संख्या एवम् उपलब्धता की शर्तें<br><br>संकेतन क्षेत्र<br>○ |

**(ब) अँग्रेजी में**–

| Class No<br>Book No. | Surname, | Fore Name of the Author |
|---|---|---|
| Acc. No. | | Title : Subtitle/Name of the author (s); Name of collaborator (s) · – Edition (ifany) · – Place of pulication : Publisher's Name, year of publication.<br>Number of pages; size of the book · – (Series / edition of series, ISSN of Series; Number of series).<br>Notes (if any)<br>ISBN<br>Tracing ○ |

**********

# 4
# इतर संलेख
# (Added Entries)

मुख्य संलेख के शीर्षक के अतिरिक्त अन्य शीर्षकों से अभिगम प्रदान करने हेतु जितनी भी अतिरिक्त संलेख बनना सम्भव होती हैं वे **इतर संलेख** या अतिरिक्त संलेख (Additional) कहलाती हैं। ये द्वितीयक संलेख होती हैं जिनके अन्तर्गत एक ग्रन्थपरक अभिगम प्रसूची में प्रदर्शित किया जाता है। एएसीआर-2 में इतर संलेख को निम्न प्रकार परिभाषित किया गया है यह **मुख्य संलेख के अतिरिक्त एक संलेख होती है जिसके द्वारा कोई प्रलेख प्रसूची में प्रदर्शित किया जाता है।** इतर संलेख सहलेखक, सहकारक, आख्या, विषय, ग्रन्थमाला आदि किसी भी शीर्षक में से एक के द्वारा प्रदर्शित की जाती है।

## इतर संलेखों के प्रकार (Types of Added Entries)

एएसीआर-2 के Rule 21.29 तथा 21.30 के अनुसार इतर संलेख निम्न प्रकार के होते हैं –

4.1 सहलेखक इतर संलेख

4.2 सहकारक इतर संलेख

- सम्पादक संलेख
- चित्रकार संलेख
- अनुवादक संलेख
- संकलनकर्ता संलेख
- व्याख्याकार संलेख

4.3 आख्या इतर संलेख

4.4 विषय इतर संलेख

4.5 ग्रन्थमाला इतर संलेख

इसके अतिरिक्त एएसीआर-2 में निम्न दो प्रकार के संलेखों को भी मान्यता प्रदान की गई है।

4.6 सन्दर्भ संलेख
4.7 वैश्लेषिक संलेख
} ध्यान रहे ये इतर संलेख के अन्तर्गत नहीं आती हैं और ना ही उनके समान निर्मित की जाती हैं।

## इतर संलेखों की रचना (Preparing of Ac.:ed Entries)

इतर संलेखों की रचना के लिए (सन्दर्भ एवम् वैश्लेषिक संलेखों को छोड़कर) **एकक पत्रक प्रणाली** अपनाई जाती है जिसको समझना आवश्यक है।

## इतर संलेखों हेतु एकक पत्रक प्रणाली का उपयोग ( Use of Unit Card System)

एकक पत्रक प्रणाली प्रसूची संलेखों से सम्बन्धित एक ऐसी प्रणाली है जिसमें प्रसूची संलेखों का निर्माण एक ही पत्रक पर किया जाता है। **एकक पत्रक प्रणाली** वह प्रणाली होती है जिसमें ग्रन्थ का मुख्य संलेख एवम् इतर संलेख समान सूचना प्रदान करते है। इन दोनों प्रकार की संलेखों में इस प्रणाली के अन्तर्गत एक मात्र भेद यह है कि प्रत्येक इतर संलेख के सबसे ऊपर उनका अभिगम तत्व अंकित किया जाता है जो पत्रक के द्वितीय शीर्ष से आरम्भ होता है। ऐसे सन्दर्भों में मुख्य संलेख को एकक संलेख (Unit Entry) के नाम से जाना जाता है। एकक पत्रक में मुख्य संलेख की अन्तर्वस्तु एवम् अतिरिक्त संलेख की अन्तर्वस्तु समान होती है यद्यपि अतिरिक्त संलेख के मामले में एक अतिरिक्त शीर्षक और जोड़ा जाता है। अतिरिक्त संलेख का यह शीर्षक ही उसका अभिगम बिन्दु होता है।

यदि किसी ग्रन्थ के सभी सम्भावित अभिगमों का पूर्ण विवरण प्रत्येक संलेख में प्रस्तुत किया जाय तो उनमें से किसी भी संलेख को मुख्य संलेख नहीं कहा जा सकता। मुख्य संलेख मुख्य ही रहती है। मुख्य संलेख में अभिलिखित सभी विवरण को इतर संलेखों में भी दिया जा सकता है या इतर संलेख में दिये गये विवरण को संक्षिप्त कर सकते हैं क्योंकि यदि उपयोक्ता को प्रलेख से सम्बन्धित पूर्ण विवरण की आवश्यकता है तो वह मुख्य संलेख में देख सकता है। इसलिए इतर संलेखों में संक्षिप्त विवरण दिया जाता है जिससे जो समय विवरण को लिखने या टाइप करने में लगता था उसमें श्रम के साथ-साथ समय की भी बचत कर सकते हैं। यदि मुख्य

संलेख की सही प्रतिकृति बनानी है तो वह मुद्रण अथवा यान्त्रिक फोटो प्रतिलिपिकरण विधि की सहायता से निर्मित की जा सकती है।

**उदाहरण (Example) –**

एकक पत्रक प्रणाली में किसी प्रलेख का मुख्य संलेख बनाने के बाद इतर संलेख इस प्रकार बनाये जाते हैं।

| | | |
|---|---|---|
| | | Mathematics |
| Call No. | Sharma, Har Swarup | |
| | | Higher algebra/by Har Swarup Sharma · – |
| | Agra | : Student's Friends, 1990. |
| | | xii, 240p; illus 18 cm . |
| Acc. No | | |
| | | 1. Mathematics 2.Algebra I.Title |

ऊपर दिया हुआ संलेख (सबसे ऊपर Mathematics शब्द को छोड़कर प्रलेख का मुख्य संलेख है। एकक पत्रक प्रणाली में श्रम बचाने के उद्देश्य से इस पत्रक की उतनी प्रतिकृतियाँ निकालकर अन्य पत्रकों पर सबसे ऊपर इतर संलेख का शीर्षक और लिख दिया जाता है। जैसे उपरोक्त संलेख में Mathematics लिखा हुआ है यह प्रलेख का एक विषय संलेख है। इसी प्रकार अन्य शीर्षक लिखकर इतर संलेख बनाये जाते हैं

## 4.1 सहलेखक इतर संलेख (Joint Author Added Entry)

मुख्य लेखक के साथ जो अन्य व्यक्ति ग्रन्थ के लेखन कार्य में हिस्सा लेते हैं वे सहलेखक कहलाते हैं। यदि किसी ग्रन्थ के सहलेखक एक या दो होते हैं तो ऐसी स्थिति में प्रत्येक के लिए अलग-अलग संलेख निर्मित किए जाते हैं।

## 4.2 सहकारक इतर संलेख (Collaborator Added Entries)

ग्रन्थ के सहकारकों में अनुवादक, संकलनकर्ता, सम्पादक, विश्लेषणकर्ता चित्रकार आदि को गिना जाता है। इनके लिए अलग-अलग इतर संलेख निर्मित किए जाते हैं। लेकिन–

4.2 **(अ)** सहकारक के रूप में यदि **अनुवादक** भी है तब अनुवादक के लिए इतर संलेख तभी बनाई जायेगी जबकि –

– यदि मुख्य संलेख समष्टि निकाय शीर्षक से बनाई गई है।

– यदि मुख्य संलेख आख्या से बनाई गई है।

– यदि ग्रन्थ का अनुवाद स्वयं में महत्वपूर्ण है।

– यदि अनुवाद पद्य या कविता में है।

– यदि ग्रन्थ का एक ही भाषा में अनेक बार अनुवाद किया गया है।

4.2 **(ब)** सहकारक के रूप में यदि **चित्रकार** (Illustrator) भी है तो इसके लिए संलेख तब ही बनाई जाती है जबकि –

– सूचना में चित्रकार को समान श्रेष्ठता प्रदान की गई है।

– चित्र (Illustrations) ग्रन्थ के आधे या उससे अधिक भाग में हैं।

– चित्र ग्रन्थ की महत्वपूर्ण विशेषता के रूप में माने गये हैं।

## 4.3 आख्या इतर संलेख (Title Added Entry)

यदि किसी ग्रन्थ के मुख्य संलेख में ग्रन्थ की आख्या, शीर्षक के रूप में प्रयुक्त नहीं की गई है तब आख्या के लिए अतिरिक्त संलेख का निर्माण किया जाता है।

## 4.4 विषय इतर संलेख (Subject Added Entry)

ग्रन्थ के विषय के अन्तर्गत भी इतर संलेख निर्मित किए जाते हैं। साधारणतया किसी ग्रन्थ का एक ही विषय होता है परन्तु अनेक ग्रन्थ एक से अधिक विषयों से सम्बन्धित होते हैं। ग्रन्थ के विषय, विषय शीर्षकों के माध्यम से निश्चित किए जाते हैं। एएसीआर-2 में ग्रन्थ से सम्बन्धित विषय शीर्षकों का निर्धारण विषय शीर्षकों की मुद्रित सूचियों से विशेषकर **सीयर्स लिस्ट ऑफ सब्जेक्ट हैडिंग्स** से किया जाता है।

### 4.5 ग्रन्थमाला इतर संलेख (Series Added Entry)

यदि कोई ग्रन्थ किसी ग्रन्थमाला के अन्तर्गत प्रकाशित हुआ है जिसका उल्लेख मुख-पृष्ठ या अन्य पृष्ठ पर किया गया है तो ग्रन्थमाला के शीर्षक के अन्तर्गत भी इतर संलेख निर्मित किए जाते हैं जिसमें उसका क्रमांक आदि भी अंकित किया जाता है।

### 4.6 सन्दर्भ संलेख (Reference Entries)

जिन ग्रन्थालयों में सर्वानुवर्णी प्रसूची का प्रावधान किया जाता है वहाँ हम एक अन्य प्रकार के संलेख भी निर्मित करते हैं जिन्हें **संदर्भ संलेख** कहा जाता है। ग्रन्थालय की प्रसूची एक खोज उपकरण के रूप में उपयोक्ताओं को सर्वाधिक सहायता प्रदान करने का प्रयत्न करती है इसलिए हम किसी भी समस्या को उपयोक्ता के संदर्भ में देखते हैं जिसका उत्तर प्रसूची में एक विशेष प्रकार के संलेखों का प्रावधान करके दिया जाता है जिन्हें **संदर्भ संलेख** कहा जाता है। इन संलेखों के माध्यम से आवश्यक तथा उपयोगी अतिरिक्त सूचना प्रदान की जाती है।

ग्रन्थालय प्रसूचीकरण में साम्यरूपता होना एक महत्वपूर्ण एवम् आवश्यक गुण है इसलिए जब किसी व्यक्तिगत लेखक या समष्टि निकाय के नामों की वर्त्तनियों में कई भिन्नताएँ हो अथवा जब शीर्षक के रूप में दो अथवा अधिक समानार्थक शब्दों के लिए एक शब्द का प्रयोग हुआ हो तो इन स्थितियों में सम्पूर्ण प्रसूची में समरूप नाम अथवा समरूप शीर्षक के एक विशिष्ट स्वरूप को मान्यता दी जाती है ऐसी परिस्थितियों में भी संदर्भ संलेख बनाना आवश्यक हो जाता है। **उदाहरण** – मानलो किसी ग्रन्थ के लेखक Ranganathan हैं इस नाम को कई रूपों में लिखा जा सकता है जैसे Ranganadhan, Ranganadan, Rangnathan आदि। लेकिन हम केवल उसी रूप (वर्तनी) को ही महत्व देंगे जो ग्रन्थ पर अंकित है। जबकि एक उपयोक्ता उपरोक्त रूपों में से एक अथवा अन्य के शीर्षक से प्रसूची में अपनी खोज कर सकता है। अगर कोई संलेख उस रूप (वर्तनी) में नहीं है जिस रूप में उपयोक्ता खोज कर रहा है तो वह निराश होता है और वह सोचता है कि उस नाम से कोई ग्रन्थ नहीं है। ऐसी स्थितियों के लिए सन्दर्भ संलेख तथा परिवर्तित रूपों के संलेख भी निर्मित किए जाते हैं जैसे –

Ranganadhan

*See*

Ranganathan.

इसी प्रकार विषय सन्दर्भ संलेख भी निम्न प्रकार बनाई जा सकती है।

CHILD PSYCHOLOGY

*See*

PSYCHOLOGY, CHILD

## संदर्भ संलेख दो प्रकार के होते हैं –

### 4.6.1 देखें संदर्भ (*See* Reference)

देखें सन्दर्भ का कार्य प्रसूची का उपयोग करने वाले को व्यक्तिगत लेखक, समष्टि निकाय अथवा ग्रन्थ की आख्या के नाम के एक स्वरूप से उस दूसरे स्वरूप की ओर निर्देशित अथवा संदर्भित करना है जिस नाम को कारणवश उचित मानते हुए शीर्षक अथवा समरूप आख्या के रूप में चयन किया है। यह संदर्भ उपयोक्ता को यह संकेत करता है कि **आप जिसकी यहाँ खोज कर रहे हैं उसे यहाँ आप नहीं खोज पायेंगे। लेकिन यदि आप निर्देशित किया जा रहा उसमें देखेंगे तो आपको कुछ प्राप्त हो सकेगा।** ऊपर दिए गए दोनों संलेख **देखें सन्दर्भ** के उदाहरण हैं।

### 4.6.2 *इसे भी देखें* (*See also* Reference)

इस सन्दर्भ का कार्य उपयोक्ताओं को नाम, शीर्षक अथवा समरूप आख्या से अन्य सम्बन्धित शीर्षकों की ओर संकेत करना है तथा यह उपयोक्ता को यह संकेत भी करता है कि – **हाँ यहाँ पर कुछ सूचना है और आप कुछ अन्य सम्बन्धित सूचना के भी इच्छुक हैं तो उसे आप निर्देशित में भी देख सकते हैं।** इस प्रकार के संदर्भ संलेख तब निर्मित किए जाते हैं जब प्रसूची में संलेख दोनों शीर्षक रूपों Referred from एवम् Referred to शीर्षक के अन्तर्गत हैं।

उपर्युक्त अन्य विषयों के लिए ऐसे ही संलेख बनाये जाते हैं। ऐसे संलेख उपयोक्ता को सम्बन्धित सामग्री को खोजने में सहायता करते हैं।

**इसे भी देखें (See also)** सन्दर्भ में दोनों शीर्षकों के लिए संलेख बनाये जाते हैं। **उदाहरण** –

| | | |
|---|---|---|
| | INTERRIOR DECORATION. | |
| | | *See also*<br>HOME SCIENCE. |

| | | |
|---|---|---|
| | HOME SCIENCE. | |
| | | *See also*<br>INTERIOR DECORATION. |

## 4.7 वैश्लेषिक संलेख (Analytical Entries)

सर्वानुवर्णी प्रसूची में एक अन्य प्रकार के संलेख भी बनाये जाते हैं जिन्हें **वैश्लेषिक संलेख** कहते हैं। कभी-कभी ग्रन्थालय उपयोक्ता का ध्यान ग्रन्थ के एक अंश अथवा अंशों की ओर आकर्षित करना चाहते हैं अथवा उपयोक्ता स्वयं को ही ग्रन्थालय में निहित किसी अंश की ही आवश्यकता हो सकती है। इस ओर उपयोक्ता का ध्यान आकर्षित करने के लिए एक प्रसूची संलेख निर्मित किया जाता है। ऐसी स्थितियों के समाधान के लिए ग्रन्थ की अन्तर्वस्तु का विश्लेषण करना पड़ता है तब संलेख निर्मित किया जाता है इसलिए ऐसे संलेखों को **वैश्लेषिक संलेख** कहते हैं।

एएसीआर-2 के अनुसार अन्तर्वस्तु विश्लेषण ग्रन्थपरक अभिलेख निर्माण करने की प्रक्रिया है जो ग्रन्थ के किसी अंश अथवा कुछ अंशों का विवरण प्रस्तुत करती है तथा वैश्लेषिक संलेख किसी ग्रन्थ जिसके लिए एक विस्तृत संलेख बनाया गया है के एक अंश के लिए निर्मित एक संलेख होता है। मान लो किसी ग्रन्थ का मुख्य संलेख निम्न है –

| | | |
|---|---|---|
| 001.535<br>ART | Artificial intelligence: the case against/edited by | |
| | Rainer Born. – London: Croom Helm, 1987.<br>xxxv, 220p.; 23 cm.<br>ISBN 0-7099-329-6<br>Contents : Hilari Putnam: computation psychology and interpretation theroy; John R. Searle : Minds, brains and programmes<br>1. Artificial intelligence I. Born, Rainer | |

**नोट** – ग्रन्थ में 8 व्यक्तियों द्वारा लिखे गये अंश (Contributions) हैं जिनके अलग-अलग शीर्षक एवम् लेखक हैं लेकिन उपरोक्त मुख्य संलेख में मात्र दो व्यक्तियों द्वारा लिखे आलेख दिखाये गये हैं ग्रन्थालय यदि चाहे तो सभी के लिए दिखाये जा सकते हैं।

उपरोक्त आलेखों के लिए वैश्लेषिक संलेख निर्मित की जा सकती हैं। वैश्लेषिक संलेख प्रत्येक अंश के लेखक तथा आख्या दोनों से बनाई जाती हैं।

## वैश्लेषिक संलेख (प्रथम अंश के लेखक की)

| | | |
|---|---|---|
| 001.535<br>ART | Putnam, Hilari | |
| | Computational psychology and interpretation/ Hilari Putnam, p. 1–18; 23 cm.<br>In Artificial intelligence/ edtited by Rainer Born. – London: Croom Helm, 1987. | |

## वैश्लेषिक संलेख (प्रथम अंश के आख्या की)

| | | |
|---|---|---|
| 001.535<br>ART | Minds, brains and programmes/John R. Searle · – p. | |
| | 19-40 ; 23cm.<br>In Artificial intelligence/edited by Rainer Born · – London : Croom Helm, 1987 | |

इसी प्रकार दूसरे अंश लेख से भी दो वैश्लेषिक संलेख निर्मित किये जायेंगे। यदि पुस्तक में 8 अंश लेख हैं तो उनके लेखक एवम् आख्या से क्रमशः 16 वैश्लेषिक-संलेख इसी प्रकार बनाई जायेंगी।

**********

# 5
# एकल व्यक्तिगत लेखक
# (Single Personal Author)

कोई भी ग्रन्थ किसी न किसी लेखक द्वारा ही रचित किया जाता है अर्थात् ग्रन्थ का लेखक अवश्य कोई न कोई होता है। लेखक के बिना किसी ग्रन्थ की रचना सम्भव नहीं है। लेखक वह व्यक्ति होता है जो ग्रन्थ में लिखित विचारों एवम् अन्तर्वस्तु के लिए उत्तरदायी होता है। प्रसूचीकरण के लिए ग्रन्थ के लेखक का अत्यन्त महत्व है। कोई भी ग्रन्थ एक लेखक द्वारा या एक से अधिक लेखकों द्वारा रचित हो सकता है या ग्रन्थ में निहित विचारों के लिए कोई समष्टि निकाय, सम्पादक या संकलनकर्त्ता भी उत्तरदायी हो सकता है। व्यक्ति के रूप में यदि ग्रन्थ का लेखक है तो वह **व्यक्तिगत लेखक** कहलाता है। **एएसीआर**-2 के अनुसार व्यक्तिगत लेखक वह व्यक्ति होता है जो किसी ग्रन्थ के बौद्धिक अथवा कलात्मक तथ्य के लिए मुख्य रूप से उत्तरदायी होता है। उदाहरण के लिए ग्रन्थों के लेखक, संगीत के रचनाकार (कम्पोजर्स) आदि उन कार्यों के लेखक हैं जिनकी उन्होंने रचना की है। मानचित्रकार अपने मानचित्रों, कलाकार अपनी कला का तथा फोटोग्राफर फोटो खीचने का लेखक है। जब किसी ग्रन्थ का केवल एक ही लेखक होता है और उसी का नाम ग्रन्थ के मुखपृष्ठ पर अंकित होता है तो ऐसे लेखक को **एकल व्यक्तिगत लेखक** कहते हैं। ऐसी स्थितियों में उस एकल व्यक्ति का नाम ही मुख्य संलेख के शीर्षक हेतु वरण किया जाता है।

व्यक्तियों के नामों से सम्बन्धित उनके चयन एवम् उपकल्पन की अनेक समस्याएँ हैं उनका निराकरण एससीआर-2 प्रसूची संहिता में किया गया है।

## एकल व्यक्तिगत लेखकों का चयन एवम् उपकल्पन (Choice and Rendering of Single Personal Authors)

**5.1** यदि किसी ग्रन्थ का लेखक केवल एक ही व्यक्ति है तो संलेख के शीर्षक हेतु उस व्यक्ति के नाम का ही चयन एवम् उपकल्पन किया जाता है जिस नाम से वह सामान्यतया जाना जाता है। जैसे –

P.N. Kaula न कि Prithavi Nath Kaula

Jawahar Lal Nehru न कि J.L. Nehru

Mohandas Karanchand Gandhi नकि M.K. Gandhi

5.2 यदि किसी ग्रन्थ के लेखक के नाम में एक ही पद संलेख तत्व है तो उसे ज्यों का त्यों शीर्षक क्षेत्र में अंकित किया जाता है जैसे –

Kalidas, Balmiki, Shakespeare आदि।

5.3 यदि किसी ग्रन्थ के लेखक के नाम में दो पद हैं तो सामान्यतया दोनों पद ही संलेख तत्व माने जाते है। और उन्हें उसी क्रम में शीर्षक क्षेत्र में अकिंत किया जाता है।

जैसे – Ram Gopal, Rajendra Prasad, Indira Gandhi आदि।

5.4 यदि किसी ग्रन्थ के लेखक के नाम में उपनाम भी है तो शीर्षक में पहले उपनाम उसके पश्चात् उसका व्यक्तिगत नाम अंकित करते हैं। जैसे –

Ranganathan, S.R.
Shaw, George Bernard
Eliot, Ralph W.A.

5.5 लेखक के नाम के साथ ग्रन्थ के मुखपृष्ठ पर दिए गये उसके कार्य स्थल अथवा उसकी विभिन्न डिग्रियाँ इत्यादि का प्रसूची संलेख में कोई महत्व नहीं होता है।

## भारतीय नाम (Indian Names)

भारतीय नामों में संलेख तत्व समान नहीं होता है ये क्षेत्रों के अनुसार बदलता है इसके लिए एएसीआर-2 में विस्तृत नियम दिए गए हैं। ये नियम हमें निर्देश देते हैं। 19वीं शताब्दी के मध्य से पूर्व पैदा हुए लेखकों के मामले में हमें व्यक्तिगत नामों को उनके प्रथम शब्द के अन्तर्गत प्रविष्ट करना चाहिए। जैसे Panini, Aryabhatta, Ashvaghosha आदि तथा बाद के उत्तर भारतीय लेखकों को उनके कुल नाम के अन्तर्गत प्रविष्ट करना चाहिए। जैसे–

Raj Kapoor – Kapoor, Raj
Rakesh Khurana – Khurana, Rakesh
Har Swarup Sharma – Sharma, Har Swarup

दक्षिण भारतीय नाम प्रायः उनके कुलनाम के अन्तर्गत प्रविष्ट किए जाते हैं जैसे –

| | | |
|---|---|---|
| S.R. Ranganathan | → | Ranganathan, S.R. |
| R.C. Viswanathan | → | Viswanathan, R.C. |
| S. Radhakrishnan | → | Radhakrishnan, S. |

इसके अतिरिक्त नामों में अपवाद हो सकते हैं।

**पश्चिमी नाम (Western Names)**

पश्चिमी नामों में दो या तीन भाग अवश्य होते हैं। नाम का अन्तिम भाग लेखक का **कुल नाम** कहलाता है। प्रसूचीकरण में कुल नाम को ही शीर्षक बनाया जाता है। इसे ही संलेख तत्व (Entry Element) कहते हैं। नीचे कुछ नाम दिए जा रहे हैं तथा उनका संलेख तत्व रेखांकित किया जा रहा है –

| **उदाहरण** | **वरण हेतु संलेख तत्व** |
|---|---|
| Bertrand **Russel** | Russel, Bertrand |
| George Bernard **Shaw** | Shaw, George Bernard |
| Ralph W.A. **Eliot** | Eliot, Ralph W.A. |
| Sir Arthur Canon **Doyle** | Doyle, Sir Arthur Canon |
| Norman **Del Mar** | **Del Mar,** Norman |
| Thomas **De Quincy** | De Quincy, Thomas |
| Arabella **McNair-Wilson** | Mc Nair-Wilson, Arabella |

**नोट** – एकल व्यक्तिगत लेखक के चयन एवम् उपकल्पन से सम्बन्धित **Ex. 1, 2, 3, 4 एवम् 5 देखें]**

## 5.6 लेखक के नाम में यदि परिवर्तन हो (Change in Names of Authors)

कुछ लेखक ऐसे होते हैं जो अपने नाम बदल लेते हैं अथवा भिन्न-भिन्न नामों से लिखते हैं लेकिन प्रसूची का कार्य किसी भी लेखक की सभी कृतियों को एक स्थान पर एकत्रित करना होता है। लेखक के भिन्न-भिन्न नाम होने से उसकी कृतियाँ अलग-अलग हो जाती हैं। नामों का परिवर्तन अधिकांश रूप से स्त्रियों में होता है क्योंकि विवाह से पहले वे अपने नाम से लिखती हैं तथा विवाह के बाद वे अपने पति के कुल नाम को अपने नाम में संलग्न

कर लेती हैं। इस कारण स्त्री लेखकों में नाम परिवर्तन की स्थिति अधिक पाई जाती है। इस प्रकार से नाम परिवर्तन करना प्रसूचीकरण कार्य में समस्या उत्पन्न करता है। **[See Ex. 6, 7, 8]**

**एएसीआर-2** में इन समस्याओं के समाधान के लिए नियम प्रस्तुत हैं – यदि कोई लेखक एक से अधिक नामों से जाना जाता है तो अधिकांश रूप से जाने वाले नाम के अन्तर्गत मुख्य संलेख निर्मित किया जाता है। यदि किसी तरह यह बात निर्धारित न की जा सके तो उसके लिए निम्न नियम प्रस्तुत किया गया है –

(क) वह नाम जो उस व्यक्ति की कृतियों में अधिकांश रूप से पाया जाये।

(ख) वह नाम जो सन्दर्भ स्रोतों में अधिकांश रूप से पाया जाये।

(ग) वह नाम जो सबसे अन्त में उपयोग किया है।

## 5.7 लेखक का नाम यदि ग्रन्थ की आख्या में निहित एवम् संलग्न हो (Name of the author is joined with the title)

यदि लेखक का नाम ग्रन्थ की आख्या में सम्मिलित है तो भी लेखक के इसी नाम से मुख्य संलेख निर्मित की जाती है। [**देखें Ex. 9 and 10**]

## 5.8 लेखक के नाम में यदि योग्यता/सम्मान सूचक शब्द जुड़े हो (Honour and Nobility is joined with the Name of the Authors)

कुछ लेखक अपने सही एवम् कुलनाम के स्थान पर अपने आपको दिए गये योग्यतासूचक अथवा सम्मानसूचक शब्दों का भी अपने नाम में उपयोग करते हैं। यह सम्मानसूचक शब्द अँग्रेजों में अधिकांश रूप से पूर्वजों से चलते चले आ रहे हैं। इन शब्दों में Baron, Lord, Lady, Viscount, Duchess, Countess आदि अधिक प्रचलित हैं। अन्य प्रकार के शब्दों में शूरवीर की अथवा Sir की उपाधि प्रदान करना भी है जैसे प्रायः Sir Walter Scott, Sir Winston Churchill आदि भी सुने जाते रहे हैं। इस प्रकार के शब्दों हेतु एएसीआर-2 में नियम यह कहता है कि **यदि लेखक इस प्रकार के सम्मानसूचक अथवा योग्यतासूचक शब्द आदि से भली भाँति जाना जाता है तो उनका यह शब्द भी संलेख तत्व बन जाता है।** यदि किसी लेखक के नाम में Sir की उपाधि भी सम्मिलित है तो यह शब्द भी संलेख तत्व का एक अंग बन जाता है। **[See Ex. 11 and 12]**

Ex.1 : (एकल व्यक्तिगत लेखक)

**The deviant pupil:**
**Sociological Perspective**

V.J. Furlong
1985

Open University Press
Milton Keynes

---

**Other informations :**

| | | |
|---|---|---|
| Call Number | : | 371.93 FUR (DDC) |
| | | S1:52 N85 (CC) |
| Acc. Number | : | 6893 |
| Pages | : | xxi, 310 |
| Size | : | 23 cms. |
| ISBN | : | 0-335-15225-2 |

## ग्रन्थात्मक विवरण का विश्लेषण

1. चूँकि ग्रन्थ के मुखपृष्ठ पर एक ही लेखक का नाम अंकित है इसलिए एकल व्यक्तिगत लेखक के अनुसार संलेख निर्मित किया जायेगा।
2. **क्रामक संख्या** – अन्य सूचनाओं में ग्रन्थ की क्रामक संख्या DDC तथा CC दोनों के अनुसार दी गई हैं। चूँकि हम एएसीआर-2 के अनुसार संलेख बना रहे हैं इसलिए DDC की क्रामक संख्या उपयोग की जायेगी। जो 371.93. FUR है।

   मुख्य संलेख में क्रामक संख्या अग्र रेखा पर प्रथम शीर्ष से भी पहले अंकित की जाती है। अग्र रेखा से एक पंक्ति ऊपर वर्ग सख्या तथा अग्र रेखा पर ग्रन्थ संख्या अंकित की जाती है।
3. **शीर्षक** – एएसीआर-2 के अनुसार मुख्य संलेख हेतु शीर्षक ग्रन्थ का लेखक होता है जिसमें लेखक का कुल नाम पहले तथा आद्य नाम बाद में अग्र रेखा पर प्रथम शीर्ष से अंकित किया जाता है। दोनों के मध्य कौमा (,) का प्रयोग किया जाता है। इस प्रकार शीर्षक का उपकल्पन निम्न प्रकार होगा– **Furlong, V.J.**
4. **आख्या एवम् उत्तरदायित्व** – ग्रन्थ की आख्या के साथ-साथ उपआख्या भी दी गई है। आख्या, शीर्षक के बाद द्वितीय शीर्ष से अंकित की जाती है तथा आख्या एवम् उप-आख्या के बीच में कोलन (:) लगाया जाता है कोलन के बाद उप-आख्या का प्रथम अक्षर लघु अक्षर से ही प्रारम्भ होता है इस प्रकार ग्रन्थ की आख्या निम्न प्रकार लिखी जायेगी –

   The deviant pupil : sociological perspective.

   ध्यान रहे आख्या से पूर्व लगे A, An, The शब्द **सीसीसी** में हटा दिये जाते हैं पर एएसीआर-2 में ऐसा नहीं होता है।

   उत्तरदायित्व के लिए आख्या के बाद तिर्यक रेखा अर्थात स्लैश (/) लगाकर लेखक का नाम सीधे रूप में लिखा जाता है। इस उदाहरण में निम्न प्रकार लिखा जायेगा –

   The deviant pupil : sociological perspective/V.J. Furlong
5. **संस्करण विवरण** – उस उदाहरण में संस्करण का कोई उल्लेख नहीं है इसलिए कोई अंकन नही किया जायेगा।

6. **प्रकाशन विवरण** – संस्करण विवरण के बाद (लेकिन इस उदाहरण में संस्करण विवरण नहीं है) प्रकाशन विवरण अंकित किया जाता है। वह निम्न प्रकार होगा–

   **· – Milton Keynes : Open University, 1985.**

7. **भौतिक विवरण** – भौतिक विवरण से अर्थ ग्रन्थ में पृष्ठों की संख्या, ग्रन्थ के आकार इत्यादि से होता है। इस उदाहरण में यह निम्न प्रकार अंकित किया जायेगा– xxi, 310p.; 23 cm.
8. **ग्रन्थमाला** – इस उदाहरण में ग्रन्थमाला भी नहीं है।
9. **टिप्पणी** – इस उदाहरण में कोई टिप्पणी भी नहीं है।
10. **मानक संख्या** – इस उदाहरण में मानक संख्या 0-335-15225-2 दी गई है।
11. **परिग्रहण संख्या** – ग्रन्थ की परिग्रहण संख्या 6893 है वह अपने उपयुक्त स्थान पर अंकित की जायेगी।
12. **संकेतन** – इस क्षेत्र में ग्रन्थ की आख्या का विश्लेषण करके **सीयर्स लिस्ट ऑफ सब्जेक्ट हैडिंग्स** के माध्यम से विषय शीर्षक प्राप्त करके अरेबिक संख्याओं के साथ लिखे जाते हैं। इस उदाहरण में मात्र एक ही विषय शीर्षक प्राप्त होता है वह है Emotionally disturbed children.

## मुख्य संलेख

| | | |
|---|---|---|
| 371.43<br>FUR | Furlong, V. J. | |
| 6893 | | The deviant pupil : sociological perspective/ V.J. Furlong · – Milton Keynes : Open University Press, 1985.<br>xxi, 310p.; 23 cm.<br>ISBN0-335-15225-2<br>1. Emotionally disturbed children I.Title<br>○ |

**नोट** – संकेतन के लिए शीर्षक **सीयर्स लिस्ट ऑफ सब्जेक्ट हैडिंग्स** से लिया गया है जो Emotionally disturbed children बनता है।

## इतर संलेख (विषय)

| | | |
|---|---|---|
| 317.43<br>FUR | Furlong, V.J. | EMOTIONALLY DISTURBED CHILDREN |
| | | The deviant pupil : sociological perspective/<br>(Rest as in the main entry) |

**नोट :–** हम **एकक पत्रक प्रणाली** उपयोग कर रहे हैं क्योंकि हमें एक ग्रन्थ से सम्बन्धित अनेक पत्रक तैयार करने पड़ते हैं जिनमें बार-बार इतनी अधिक सूचना अंकित करना एक श्रमसाध्य कार्य हो जाता है इसलिए इस पुनरावृत्ति को रोकने हेतु ही एकक पत्रक प्रणाली का उपयोग किया जाता है। इसमें इतर संलेख हेतु जो शीर्षक चयन किया जाता है, उसे सबसे ऊपर द्वितीय शीर्ष से अंकित किया जाता है। विषय संलेख हेतु विषय शीर्षक सदैव दीर्घ अक्षरों (Capitals) में अंकित किये जाते हैं। अन्य सभी में सामान्य रूप में ही अंकित किये जाते हैं।

## इतर संलेख (आख्या)

| | | |
|---|---|---|
| 371.43<br>FUR | Furlong, V. J. | The deviant pupil |
| | | The deviant pupil: sociological perspective/<br>(Rest as in the main entry) |

Ex. 2 : (एकल व्यक्तिगत लेखक उसकी संस्था के नाम के साथ)

**Introduction to Digital Technology**
**(Third Edition)**

Louis Jacob
Professor
Department of Electrical & Computer Technology
City University
New York

John Wiley & Sons
New York, Toronto
Singapore

**Other Informations**

| | | |
|---|---|---|
| Call Number | : | 621.381958 NAS |
| Acc. Number | : | 36951 |
| Pages | : | xxi, 540 |
| Size | : | 23 cm. |
| Year of Publication | : | 1983 |
| ISBN | : | Not given |

The second edition was published in 1977 as **Introduction to digital computer technology**.

## ग्रन्थात्मक विवरण का विश्लेषण

1. चूँकि ग्रन्थ का एक ही लेखक है इसलिए इसका प्रसूचीकरण एकल **व्यक्तिगत लेखक** की तरह किया जायेगा।
2. ग्रन्थ के लेखक के नाम का उपकल्पन निम्न प्रकार होगा–

**Jacob, Louis**

3. लेखक के साथ उसके कार्य-संस्था का नाम भी दिया गया है प्रसूचीकरण की दृष्टि से इसका कोई महत्व नहीं है।
4. यहाँ लेखक के नाम से पहले by शब्द नहीं लिखा है इसलिए उत्तरदायित्व क्षेत्र में भी यह नहीं लिखा जायेगा।
5. ग्रन्थ की क्रामक संख्या, आख्या, संस्करण तथा प्रकाशक के नाम, स्थान एवम् वर्ष में कोई समस्या नहीं है।
6. द्वितीय संस्करण के बारे में सूचना दी गई है जो टिप्पणी क्षेत्र में अंकित की जायेगी।

## मुख्य संलेख

| | | |
|---|---|---|
| 621.381958<br>NAS | Jacob, Louis | |
| 36951 | | Introduction to digital technology/Louis Jacob<br>· – New York : John Wiley, 1983.<br>xxi, 540p.; 23 cm.<br>2nd edition published as : Introduction to digital computer technology, 1977.<br>1. Computer I.Title |

## इतर संलेख (विषय)

| | | |
|---|---|---|
| 621.381958<br>NAS | Jacob, Louis | COMPUTER |
| | | (Rest as n the main entry) |

**नोट** – सदैव ध्यान रखें कि इतर संलेख (विषय) में विषय-शीर्षक बड़े अक्षरों में लिखे जाते हैं।

## इतर संलेख (आख्या)

| | | |
|---|---|---|
| 621.381958<br>NAS | Jacob, Louis | Introduction to digital technology |
| | | (Rest as in the main entry) |

Ex. 3 : (एकल व्यक्तिगत लेखक जन्म-वर्ष सहित, ग्रन्थमाला के अन्तर्गत प्रकाशित)

**Caring for an aging parent**
**Have I done all I can ?**

By
Avis Jane Ball
University Professor
New York State University
New York, USA

Prometheus Books
New York
1986

---

**Other informations :**

| | | |
|---|---|---|
| Call Number | : | Not given |
| Acc. Number | : | 36948 |
| Size | : | 24 cm |
| Pages | : | 134 |

1. The year of publication is the copyright year.
2. The book was published under series named **Golden Age Books**, no.5
3. Previous edition published as **What shall I do with a hundred years.**

## ग्रन्थात्मक विवरण का विश्लेषण

1. ग्रन्थ एकल व्यक्तिगत लेखक द्वारा लिखा गया है इसलिए उपकल्पन निम्न प्रकार होगा–

**Ball, Avis Jane**

2. ग्रन्थ की आख्या के साथ-साथ उप आख्या भी दी गई है इसलिए आख्या निम्न प्रकार उपकल्पित की जायेगी–

**Caring for an aging parent : having I done all I can ?**
कोलन के बाद लघु अक्षर से ही प्रारम्भ किया जाता है।

3. ग्रन्थ का प्रकाशन वर्ष कापीराइट वर्ष है इसलिए **स्माल सी** के साथ अंकित कया जायेगा। जैसे– **c1986.**

4. ग्रन्थ ग्रन्थमाला के अन्तर्गत प्रकाशित हुआ है इसलिए भौतिक विवरण क्षेत्र के बाद फुलस्टाप डैस स्पेश लगाने के बाद छोटे कोष्ठक के अन्तर्गत ग्रन्थमाला का नाम अंकित किया जायेगा–

**· – (Golden age books, no.5)**

5. ग्रन्थ के पूर्व संस्करण से सम्बन्धित एक टिप्पणी भी दी गई है वह टिप्पणी क्षेत्र में अंकित की जायेगी।

6. लेखक के नाम के पूर्व मुख-पृष्ठ पर **by** शब्द लिखा हुआ है इसलिए उत्तरदायित्व क्षेत्र में लेखक के नाम के पूर्व by शब्द लिखा जायेगा।

## मुख्य संलेख

| Call Number | Ball, | Avis Jane |
|---|---|---|
| 36948 | can ?/ by Avis Jane Ball · – New York : Prometheus, c1986<br>with a hundred years ?, 1982. | Caring for an aging parent : have I done all I can ?/ by Avis Jane Ball · – New York : Prometheus, c1986<br>134p.; 24 cm · – (Golden age books, no.5)<br>Previous ed. published as : What shall I do with a hundred years ?, 1982.<br>1.Medical Health I.Title II.Series<br>○ |

**नोट–सीयर्स लिस्ट ऑफ सब्जेक्ट हैडिंग्स** से ग्रन्थ की आख्या का विषय Medical health प्राप्त हुआ है।

## इतर संलेख (विषय)

| | | |
|---|---|---|
| | | MEDICAL HEALTH |
| Call Number | Ball, | Avis Jane |
| | | (Rest as in the main entry) |

## इतर संलेख (आख्या)

| | | |
|---|---|---|
| | | Caring for an aging parent |
| Call Number | Ball, | Avis Jane |
| | | (Rest as in the main entry) |

## इतर संलेख (ग्रन्थमाला)

| | | |
|---|---|---|
| | | Golden age books, no. 5 |
| Call Number | Ball, | Avis Jane |
| | | (Rest as in the main entry) |

Ex. 4 : (एकल व्यक्तिगत लेखक साथ में एक सहकारक)

**Physical Chemistry**

**(Second Edition)**

By
Ravindra Verma
Associate Professor
Rajasthan University, Jaipur

Translated by
Om Prakesh Sharma
1981

Shiv Lal Agrawal & Co.
Hospital Road
Agra.

---

**Other informations :**

| | | | |
|---|---|---|---|
| Call Number | : | E:2 N75 | (CC) |
| | | 541.3 VER | (DDC) |
| Acc. Number | : | 6724 | |
| Pages | : | 410 | |
| Size of the book | : | 23 cms. | |

## ग्रन्थात्मक विवरण का विश्लेषण

1. ग्रन्थ की आख्या में कोई कठिनाई नहीं है।
2. ग्रन्थ का लेखक केवल एक व्यक्ति है इसलिए यह पुस्तक **एकल व्यक्तिगत लेखक** से सम्बन्धित है। लेखक का उपकल्पन इस प्रकार होगा– **Varma, Ravindra**
3. ग्रन्थ का अनुवादक के रूप में एक सहकारक भी है इसलिए आख्या एवम् उत्तरदायित्व क्षेत्र में इसका उल्लेख लेखक के नाम के बाद निम्न प्रकार किया जायेगा –

   **/by Ravindra Verma; translated by Om Prakash Sharma**
4. दूसरा संस्करण है इसलिए इसका भी उल्लेख करना है।
5. अनुवादक के नाम से एक सहकारक संलेख निर्मित की जायेगी।

## मुख्य संलेख

| 541.3<br>VER | Verma, Ravindra |
|---|---|
| 6724 | Physical chemistry/by Ravindra Verma; translated by Om Prakash sharma · – 2nd ed · – Agra : Shiv Lal Agrawal, 1981.<br>410p.; 23 cm.<br>Chemistry-Physical I.Sharma Om Prakash II.Title |

## इतर संलेख (विषय)

| | | |
|---|---|---|
| 541.3<br>VER | Verma, Ravindra | CHEMISTRY-PHYSICAL |
| | | (Rest as in the main entry) |

## इतर संलेख (आख्या)

| | | |
|---|---|---|
| 541.3<br>VER | Verma, Ravindra | Physical chemistry |
| | | (Rest as in the main entry) |

## इतर संलेख (अनुवादक)

| | | |
|---|---|---|
| 541.3<br>VER | Verma, Ravindra | Sharma, Om Prakash |
| | | (Rest as in the main entry) |

Ex. 5 : (**एकल व्यक्तिगत लेखक के साथ एक सहकारक**)

**Agriculture of wheat**

By

N. Reddy

Edited by

H.P.J. Vidyalankar

1992

Third Edition

Springer-Verlag

Berlin

---

**Other informations :**

| | | |
|---|---|---|
| Call No. | : | 633.11 CPR (DDC) |
| | | J382 N86 (CC) |
| Acc. No. | : | 82791 |
| Pages and Size | : | xiii, 379 ; 25×16 cm. |

**Note :** The date of birth of N. Reddy is 1948, he is an eminent Professor of Agricultural Sciences.

## ग्रन्थात्मक विवरण का विश्लेषण

1. ग्रन्थ की क्रामक संख्या 633.11 CPR है।
2. ग्रन्थ का लेखक दिया गया है तथा उसका जन्म वर्ष भी दिया गया है किन्तु **एएसीआर-2** में इसका उल्लेख नहीं किया जाता है।
3. मुखपृष्ठ पर लेखक के नाम से पूर्व by शब्द लिखा हुआ है इसलिए उत्तर दायित्व विवरण क्षेत्र में लेखक के नाम से पूर्व भी यह लिखा जायेगा।
4. अन्य बातें अब आप समझ चुके हैं।

### मुख्य संलेख

| | |
|---|---|
| 633.11<br>CPR | Reddy, N. |
| 82791 | Agriculture of wheat/by N. Reddy; edited by H.P.J.Vidyalankar · – 3rd ed · – Berlin : Sringer–Verlag, 1992.<br>xiii, 379p.; 25 cm.<br>1.Wheat-Agricultrue 2.Agriculture I. Vidyalankar, H.P.J., ed. II. Title |

### इतर संलेख (विषय-1)

| | |
|---|---|
| 633.11<br>CPR | WHEAT-AGRICULTURE<br>Reddy, N. |
| | (Rest as in the main entry) |

## इतर संलेख (विषय-2)

| | | |
|---|---|---|
| 633.11<br>CPR | <br>Reddy, N. | AGRICULTURE |
| | | (Rest as in the main entry) |

## इतर संलेख (सम्पादक)

| | | |
|---|---|---|
| 633.11<br>CPR | <br>Reddy, N. | Vidyalankar, H.P.J. |
| | | (Rest as in the main entry) |

## इतर संलेख (आख्या)

| | | |
|---|---|---|
| 633.11<br>CPR | <br>Reddy, N. | Agriculture of wheat |
| | | (Rest as in the main entry) |

**Ex. 6 : (एक लेखक की दो कृतियाँ हैं दोनों में उसके अलग-अलग कुल नाम हैं)**

## कृति-1

## The Old Stone House and Other Stories

by
Anna Katherine Rohlfs

Books for Libraries Press
Freeport, N.Y.
1970

---

## कृति-2

## The Filigree Ball

by
Anna Katherine Green

Arno Press
New York
1976

---

| **Other informations :** | | **कृति-1** | **कृति-2** |
|---|---|---|---|
| Call Numbers | : | 813 ROH | 813 ROH |
| Acc. Number | : | 4069 | 4070 |
| Pages | : | 202 | 418 |
| Size | : | 21 cm | 21 cm |

1. दोनों कृतियों की लेखिका एक ही है। कृति-1 उसके विवाह के पूर्व के नाम से लिखी गई है जबकि कृति-2 विवाह के बाद लिखी गई है अब लेखिका ने अपने नाम में अपने पति का कुलनाम जोड़ लिया है। उसने विवाह के बाद भी अपने पूर्व के नाम से ग्रन्थ लिखे हैं।

## ग्रन्थात्मक विवरण का विश्लेषण

1. दोनों कृतियों की एक ही लेखिका है लेकिन कृतियों के मुखपृष्ठ पर लिखे नामों के कुल नामों में अन्तर है। अतः कृतियाँ परिवर्तित नाम से सम्बन्धित उदाहरण है। विवाह से पूर्व लेखिका का कुल नाम Rohlfs था जबकि विवाह के बाद उसने अपने पति का कुल नाम अपने नाम में संलग्न कर लिया है जो Green है।
2. अतः कृति-1 से सम्बन्धित प्रसूचीकरण की कोई समस्या नहीं है। यह एक सामान्य कृति है उसके संलेख निम्न प्रकार बनेंगे –

### मुख्य संलेख

| | | |
|---|---|---|
| 813<br>ROH | Rohlfs, Anna Katherine | |
| 4069 | | The old stone house and other stories/by Anna Katherine Rohlfs · – Freeport, N.Y. : Books for Libraries Press, 1970.<br>202p.; 21 cm.<br>1. American Fiction I.Title |

### इतर संलेख (विषय) (कृति-1)

| | | |
|---|---|---|
| 813<br>ROH | Rohlfs, Anna Katherine | AMERICAN FICTION |
| | | (Rest as in the main entry) |

**नोट** – ध्यान रहे विषय शीर्षक दीर्घ अक्षरों में लिखे जाते हैं।

## इतर संलेख (आख्या) (कृति-1)

| | | |
|---|---|---|
| 813<br>ROH | Rohlfs, Anna Katherine | The old stone house and other stories |
| | | (Rest as in the main entry) |

**स्पष्टीकरण** – इस प्रकार कृति-1 के प्रसूचीकरण में कोई समस्या सामने नहीं आई है। प्रमुख समस्या कृति-2 की लेखिका के नाम को चयन करने में है। Anna Katherine Green ने अपना नाम विवाह के बाद परिवर्तित कर लिया है और अपने पति का कुल नाम अपने नाम में जोड़ लिया है जिससे उसका नाम दूसरी कृति में Anna Katherme Rohlfs से Anna Katherine Green हो गया है।

अब प्रश्न उठता है यदि हम दो अलग-अलग नामों से मुख्य संलेख बनायें तो वे दोनों संलेख प्रसूची में अलग-अलग स्थानों पर व्यवस्थित होंगी और इसका परिमाण यह होगा कि दोनों कृतियाँ भी अलग-अलग व्यवस्थित हो जायेंगी। इस समस्या के समाधान के लिए **एएसीआर-2 में Rule 22.2B** यह निर्देश देता है कि– **यदि कोई लेखक अपना नाम बदल लेता है तो उसका सबसे बाद में प्रयोग किया गया नाम या अधिक परिचित नाम चयन किया जाना चाहिए**

इस प्रकार में Green की अपेक्षा Rohlfs अधिक परिचित नाम है इसलिए नियम के अनुसार Rohlfs कुलनाम ही दूसरी कृति के लिए भी चयन किया गया है।

## मुख्य संलेख (कृति-2)

| | | |
|---|---|---|
| 813<br>ROH | Rohlfs, Anna Katherine | |
| 4070 | The filigree ball/by Anna Katherine Green [i.e. Anna Katherine Rohlfs] · – New York : Arno Press, 1976.<br>418p.; 21 cm.<br>1. American fiction I.Title | |

## इतर संलेख (विषय)(कृति-2)

| | | |
|---|---|---|
| 813<br>ROH | AMERICAN FICTION<br>Rohlfs, Anna Katherine | |
| | (Rest as in the main entry) | |

## इतर संलेख (आख्या)(कृति-2)

| | | |
|---|---|---|
| 813<br>ROH | The filigree ball<br>Rohlfs, Anna Katherine | |
| | (Rest as in the main entry) | |

**निर्देश** – अब प्रश्न उठता है कि लेखिका के दोनों नामों को किस प्रकार एक दूसरे से सम्बन्धित किया जाय। यह संदर्भ संलेख के द्वारा सम्भव हो सकता है। इसलिए Anna Katherene Green से Anna Katherine Rohlfs के लिए संदर्भ संलेख बनाई जा रही है **(देखें अध्याय 4.6)**

## सन्दर्भ संलेख

| | | |
|---|---|---|
| | Green, Anna Katherine | |
| | | *See*<br>Rohlfs, Anna Katherine |

**नोट** – ध्यान रहे सन्दर्भ संलेख इतर संलेख नहीं है जो इसमें Rest as in the main entry शब्द लिखे जायें। सन्दर्भ संलेख के निर्माण हेतु **[देखें अध्याय 4 में 4.6.1]**

Ex. 7 : (लेखिका के कुल नाम में परिवर्तन)

कृति-1

**Abstract Algebra**

**(Ed. 2)**

by
Shalini Sharma
Agra College, Agra

Student's Friends
Agra, India
1988

---

कृति-2

**Outlines of Differential Calculus**

by
Shalini Upadhyaya
Agra College, Agra

Sriram Mehra & Co.
Hospital Road
Agra
1993

---

| **Other informations :** | | कृति-1 | कृति-2 |
|---|---|---|---|
| Call Numbers | : | 512.02 SHA | 515.33 UPA |
| Acc. Number | : | 6068 | 6069 |
| Size | : | 21 cm | 23 cm. |
| Pages | : | xii, 310 | x, 415 |

1. The author of the book is the same women, who had changed her surname after her marriage and adopted her husband's surname upadhyaya. Now she has been writing with her surname upadhyaya.

## ग्रन्थात्मक विवरण का विश्लेषण

1. चूँकि अन्य सूचनाओं में यह अंकित है कि दोनों कृतियों की लेखिका एक ही है। केवल विवाह के बाद उसने अपना कुलनाम बदल लिया है। इसलिए यह उदाहरण लेखक के नाम में परिवर्तन से सम्बन्धित है और उसी प्रकार इसका प्रसूचीकरण किया जायेगा।
2. कृति-1 के प्रसूचीकरण में कोई समस्या नहीं है। उसके संलेख निम्न प्रकार हैं।

### मुख्य संलेख (कृति-1)

| | | |
|---|---|---|
| 512.02<br>SHA | Sharma, Shalini | |
| 6068 | | Abstract algebra/by Shalini Sharma · – 2nd ed · – Agra : Student's Friends, 1988.<br>xii, 310p.; 21cm.<br>1. Mathematics 2. Abstract Algebra |

### इतर संलेख (विषय-1)(कृति-1)

| | | |
|---|---|---|
| 512.02<br>SHA | Sharma, Shalini | MATHEMATICS |
| | | (Rest as in the main entry) |

## इतर संलेख (विषय-2)(कृति-2)

| | | |
|---|---|---|
| 512.02<br>SHA | | ABSTRACT ALGEBRA<br>Sharma, Shalini |
| | | (Rest as in the main entry) |

**नोट** – चूँकि कृति-1 की आख्या मात्र Abstract Algebra है और इस नाम से विषय संलेख बना चुके हैं इसलिए अब पुनः आख्या संलेख नहीं बनाई जायेगी और ना ही संकेतन में दिखाई जायेगी।

## मुख्य संलेख (कृति-2)

चूँकि अन्य सूचनाओं में यह संकेत है कि अब विवाह के बाद लेखिका निरन्तर Upadhyaya के नाम से ही लिख रही है इसलिए यह संलेख इसी नाम से निर्मित की जायेगी न कि विवाह के पूर्व नाम से, जैसा कि इसके पहले वाले उदाहरण में हुआ है ऐसा नहीं होगा। हाँ दोनों नामों को जोड़ने के लिए **सन्दर्भ संलेख** अवश्य बनाई जायेगी।

| | | |
|---|---|---|
| 512.33<br>UPA | | Upadhyaya, Shalini |
| 6069 | | Outlines of differential calculus/by Shalini Upadhyaya [i.e. Shalini Sharma] · – Agra : Sri Ram Mehra, 1993.<br>x, 415p.; 23 cm.<br>1. Mathematics 2. Differential Calculus I. Title<br>○ |

## इतर संलेख (विषय-1)(कृति-2)

| | | |
|---|---|---|
| 513.33<br>UPA | Upadhyaya, Shalini | MATHEMATICS |
| | | (Rest as in the main entry) |

## इतर संलेख (विषय-2)(कृति-2)

| | | |
|---|---|---|
| 513.33<br>UPA | Upadhyaya, Shalini | Differential calculus |
| | | (Rest as in the main entry) |

## इतर संलेख (आख्या)(कृति-2)

| | | |
|---|---|---|
| 513.33<br>UPA | Upadhyaya, Shalini | Outlines of differential calculus |
| | | (Rest as in the main entry) |

## संदर्भ संलेख

| | | |
|---|---|---|
| | Upadhyaya, Shalini | |
| | | *See*<br>Sharma, Shalini |

Ex. 8 : (लेखक ने अपना नाम बदल लिया है)

**Battalion 999**

by
Heinz G. Konsalik

Translated by
Oliver Coburn

Ellis Books
Berlin

---

**Other informations**

| | | |
|---|---|---|
| Call Number | : | 833.914 GUN |
| Acc. Number | : | 6069 |
| Date | : | 1976 |
| Pages | : | 5 Numbered and 238 pages |
| Size | : | 23 cm. |

1. It is a translation of the original book **Staffbattalion 999.**
2. The present name of the author is **Heinz Gunther** and writes at present under this name.

## ग्रन्थात्मक विवरण का विश्लेषण

1. चूँकि अनुवाद वाली पुस्तक के मुखपृष्ठ पर अन्य सूचना में यह तथ्य दिया हुआ है कि लेखक का वर्तमान नाम Heinz Gunther है और इसी नाम से वह अब भी लिख रहा है अतः यही नाम अनुवाद वाली पुस्तक के लिए चयन किया जायेगा।
2. अन्य कोई खास बात नहीं है।
3. एक सन्दर्भ संलेख वर्तमान नाम से अवश्य बनायी जायेगी।

### मुख्य संलेख

| | |
|---|---|
| 833.914<br>GUN | Gunther, Heinz |
| 6069 | Battalion 999/by Heinz G. Konsalik [i.e. Heinz Gunther]; translated by Oliver Coburn · – Burlin : Ellis Books, 1976.<br>v, 238p.; 23 cm.<br>It is translation of : Staffbattalion 999.<br>1. German-Fiction I. Title<br>○ |

### इतर संलेख (विषय)

| | |
|---|---|
| 833.914<br>GUN | GERMAN-FICTION<br>Gunther, Heinz |
| | (Rest as in the main entry) |

## इतर संलेख (आख्या)

| | | |
|---|---|---|
| 833.914<br>GUN | Gunther, Heinz | Battalion 999 |
| | | (Rest as in the main entry) |

**नोट** – अनुवादक संलेख नहीं बनाया जायेगा क्योंकि यह न तो मुख्य संलेख आख्या के अन्तर्गत बनाई गई है और न ही समष्टि निकाय के अन्तर्गत। इसलिए अनुवादक संलेख बनाने की कोई भी शर्त पूरी नहीं होती है। [देखें **4.2 अ**]

## संदर्भ संलेख

| | | |
|---|---|---|
| | Konsalik, Heinz G. | |
| | | *See*<br>Gunther, Heinz |

Ex. 9 : (The author's name is mixed in the title)

**Endeavors in Psychology**
**Selection from the personology of**
**Henry A. Murray**

Edited by
Edwin S. Shneidman

Eagle Books
Washington
USA
1983

---

**Other informations :**

| | | |
|---|---|---|
| Call Number | : | 150 MUR |
| Acc. Number | : | 6598 |
| Size | : | 24×15 cm. |
| Pages | : | xi, 360 |

## ग्रन्थात्मक विवरण का विश्लेषण

1. वैसे तो ग्रन्थ के मुखपृष्ठ पर प्रत्यक्ष रूप से कोई लेखक का कोई नाम नहीं दिया है। लेकिन ग्रन्थ की आख्या देखने पर ज्ञात हो रहा है ग्रन्थ के लेखक का नाम ग्रन्थ की उपआख्या में निहित है। इसलिए मुख्य संलेख लेखक के नाम से ही निर्मित की जायेगी।
2. ग्रन्थ का एक सम्पादक भी है।
3. ग्रन्थ का विषय Psychology है।
4. अन्य कोई खास बात नहीं है।

## मुख्य संलेख

| | | |
|---|---|---|
| 150<br>MUR | Murray, Henry A. | |
| 6598 | Endeavors in psychology : selection from the personology of Henry A. Murray/edited by Edwin S. Shneidman · – Washington : Eagle Books, 1983.<br>xi, 360p.; 24×15 cm.<br>1. Psychology I. Shneidman, Edwin S. II. Title | |

## इतर संलेख (विषय)

| | | |
|---|---|---|
| 150<br>MUR | | PSYCHOLOGY<br>Murray, Henry A. |
| | | (Rest as in the main entry) |

**नोट** – ध्यान रहे विषय शीर्षक बड़े अक्षरों में लिखे जाते हैं।

## इतर संलेख (सम्पादक)

| | | |
|---|---|---|
| 150<br>MUR | Murray, Henry A. | |
| | | (Rest as in the main entry) |

## इतर संलेख (आख्या)

| | | |
|---|---|---|
| 150<br>MUR | Endeavors in psychology<br>Murray, Henry A. | |
| | | (Rest as in the main entry) |

**नोट** – आख्या संलेख में केवल मुख्य आख्या ही अंकित की जाती है।

Ex. 10 : (आख्या में ग्रन्थ का लेखक संयुक्त है)

**Madan Mohan Malviya's**
**Letters to the Press**

Edited and introduced
by
S.R. Khanna
and
V.P. Saxena

University of Delhi Press
Delhi
1986

---

**Other informations :**

Call Number : 823.8 MAL
Acc. Number : 3016
Pages : 475
Size : 24 cm
ISBN : 0-87745-137-0

## ग्रन्थात्मक विवरण का विश्लेषण

1. ग्रन्थ की क्रामक संख्या एवम् आख्या में कोई विशेष बात नहीं है।
2. ग्रन्थ के लेखक का नाम आख्या के साथ संलग्न है।
3. ग्रन्थ का विषय Malviya–Correspondence बनता है।
4. ग्रन्थ के दो सहकारक हैं।

## मुख्य संलेख

| | |
|---|---|
| 823.8<br>MAL | Malviya, Madan Mohan |
| 3016 | Letters to the press/Madan Mohan Malviya · – edited and introduced by S.R. Khanna and V.P. Saxena · – Delhi : University of Delhi Press, 1986.<br>475 p.; 23 cm.<br>ISBN 0-87745-137-0<br>1.Malviya Correspondence I. Khanna, S.R. II. Saxena, V.P. III. Title<br>○ |

**नोट** – उत्तरदायित्व क्षेत्र में by शब्द नहीं लगाया जायेगा।

## इतर संलेख (विषय)

| | |
|---|---|
| 823.8<br>MAL | MALVIYA-CORRESPONDENCE<br>Malviya, Madan Mohan |
| | Letters to the press/......<br>(Rest as in the main entry) |

## इतर संलेख (सम्पादक-1)

| | | |
|---|---|---|
| 823.8<br>MAL | Malviya, Madan Mohan | Khanna, S.R. |
| | | Letters to the press/.....<br>(Rest as in the main entry) |

## इतर संलेख (सम्पादक-2)

| | | |
|---|---|---|
| 823.8<br>MAL | Malviya, Madan Mohan | Saxena, V.P. |
| | | Letters to the press/.....<br>(Rest as in the main entry) |

## अतिरिक्त संलेख (आख्या)

| | | |
|---|---|---|
| 823.8<br>MAL | Malviya, Madan Mohan | Letters to the press |
| | | Letters to the press/....<br>(Rest as in the main entry) |

Ex.11 : (सम्मानसूचक शब्द लेखक के नाम में संलग्न हैं)

**Sir Tej Bahadur Sapru**
**Letters to the Press**

Edited and introduced
by
R.A. Kidwai
and
Raj Nath Kunjru

Government of India Press
New Delhi
1986

---

**Other informations :**

| | | |
|---|---|---|
| Call Number | : | 823.8 SAP |
| Acc. Number | : | 3016 |
| Pages | : | 376 |
| Size | : | 23.6 cm |

## ग्रन्थात्मक विवरण का विश्लेषण

1. इस उदाहरण में अन्य कोई खास बात नहीं है।
2. केवल लेखक के नाम में उसको प्रदान की गई सम्मानसूचक उपाधि Sir भी सम्मिलित है। इसलिए नियम के अनुसार यह उपाधि भी लेखक के नाम का एक भाग बन जाती है।
3. ग्रन्थ के दो सहकारक भी हैं।
4. ग्रन्थ के आकार को पूर्ण संख्या 24 cm. बनाकर अंकित किया जायेगा।

## मुख्य संलेख

| | | |
|---|---|---|
| 823.8<br>SAP | Sapru, *Sir* Tej Bahadur | |
| 3016 | | Letters to the press/*Sir* Tej Bahadur Sapru; edited and introduced by R.A. Kidwai and Raj Nath Kunjru · – New Delhi : Government of India Press, 1986.<br><br>376 p.; 24 cm.<br>1. Sapru, *Sir* Tej Bahadur–Correpondence I. Kidwai, R.A. II.Kunjru, Raj Nath III.Title.<br>○ |

## इतर संलेख (विषय)

| | | |
|---|---|---|
| 823.8<br>SAP | | SAPRU, SIR TEJ BAHADUR-CORRESPONDENCE<br>Sapru, *Sir* Tej Bahadur |
| | | Letters to the press/Sir Tej Bahadur Sapru;<br>(Rest as in the main entry) |

## इतर संलेख (सम्पादक-1)

| | | |
|---|---|---|
| 823.8<br>SAP | Sapru, *Sir* Tej Bahadur | Kidwai, R.A. |
| | | Letters to the press/Sir Tej Bahadur Sapru<br>(Rest as in the main entry) |

## इतर संलेख (सम्पादक-2)

| | | |
|---|---|---|
| 823.8<br>SAP | Sapru, *Sir* Tej Bahadur | Kunjru, Raj Nath |
| | | Letters to the press/Sir Tej Bahadur Sapru;<br>(Rest as in the main entry) |

## इतर संलेख (आख्या)

| | | |
|---|---|---|
| 823.8<br>SAP | Sapru, *Sir* Tej Bahadur | Letters to the press |
| | | Letters to the press/Sir Tej Bahadur Sapru;<br>(Rest as in the main entry) |

Ex.12 : (लेखक के नाम में Sir की उपाधि लगी हुई है)

**Education of women in India**

by
*Sir* Winston Churchill
The Prime Minister of UK

McMillan Press
London
1966

---

**Other informations :**

| | | |
|---|---|---|
| Call Number | : | 376.954 CHU |
| Acc. Number | : | 65693 |
| Size | : | 23.3 cm. |
| Pages | : | 298 |

1. Book has some illustrations also.
2. The year of publication is the copyright year.
3. The book was published under McMillan Books series at serial number 18.

## ग्रन्थात्मक विवरण का विश्लेषण

1. ग्रन्थ से सम्बन्धित कोई खास बात नहीं है मात्र लेखक के नाम में उसको सरकार द्वारा प्रदान की गई *Sir* की उपाधि-संलग्न है। निमय के अनुसार कोई भी उपाधि अगर किसी लेखक के नाम में संलग्न हो तो वह उस नाम का एक अंग बन जाती है।
2. कापीराइट प्रकाशन वर्ष है इसलिए स्माल सी के साथ लिखी जायेगी।

## मुख्य संलेख

| | |
|---|---|
| 376.954<br>CHU | Churchill, *Sir* Winston |
| <br><br><br><br>65693 | Education of women in India/by Sir Winston Churchill · – London : McMillan Press, c1966.<br>298p.: illus. ; 24 cm · – (McMillan books, no. 18)<br>1. Education-India 2.Education-Women I.Title |

## इतर संलेख (विषय-1)

| | |
|---|---|
| 376.954<br>CHU | EDUCATION-INDIA<br>Churchill, *Sir* Winston |
| | Ecucation of women in India/by Sir Winston<br>(Rest as in the main entry) |

### इतर संलेख (विषय-2)

| | | |
|---|---|---|
| 376.954<br>CHU | | EDUCATION-WOMEN<br>Churchill, *Sir* Winston |
| | | Education of women in India/by Sir Winston<br>(Rest as in the main entry) |

### इतर संलेख (आख्या)

| | | |
|---|---|---|
| 376.954<br>CHU | | Education of women in India<br>Churchill, *Sir* Winston |
| | | Education of women in India/by Sir Winston Churchill<br>(Rest as in the main entry) |

### इतर संलेख (ग्रन्थमाला)

| | | |
|---|---|---|
| 376.954<br>CHU | | McMillian books, no.18<br>Churchill, *Sir* Winston |
| | | Education of women in India/by Sir Winston Churchill<br>(Rest as in the main entry) |

**********

# 6
# व्यक्तिगत सहलेखक
# (Personal Joint Authors)

अनेक ग्रन्थ दो या दो से अधिक लेखकों द्वारा भी लिखे जाते हैं ऐसी स्थिति में हम यह निर्धारण नहीं कर सकते कि ग्रन्थ के लेखन में उनका कितना योगदान है विशेषतया जब ग्रन्थ दो लेखकों द्वारा लिखे जाते हैं तो पाठकगण उनमें से किसी एक अथवा दोनों का नाम याद रख सकते हैं इसलिए हमें सभी को समान महत्व प्रदान करना होता है। दो या दो से अधिक लेखक होने पर प्रथम को छोड़कर अन्य सभी लेखक **व्यक्तिगत सहलेखक** कहलाते हैं।

एएसीआर-2 में दो या दो से अधिक लेखकों द्वारा किए गए कार्य को **सहभागी लेखकत्व** (Shared Authorship) अथवा **सहभागी उत्तरदायित्व** (Shared Responsibility) कहा जाता है। एएसीआर-2 में लेखक के सहभागी उत्तरदायित्व के प्रसूचीकरण हेतु अनेक नियम प्रस्तुत किये गये हैं।

**सहभागी उत्तरदायित्व के लिए शीर्षक का चयन एवम् उपकल्पन (Choice and Rendering of Shared Responsibility)**

यदि ग्रन्थ एक से अधिक लेखकों द्वारा लिखा गया है तब ऐसे ग्रन्थों के मुख्य संलेख हेतु शीर्षक का चयन लेखकों की संख्या तथा उनके द्वारा किए गए अंशदान पर निर्भर करता है। वैसे तो सामान्यतया ग्रन्थ के मुखपृष्ठ पर लेखकों के नाम एक समान ही लिखे जाते हैं लेकिन कभी-कभी कुछ ही मामलों में लेखकों में से किसी एक को शब्दों के द्वारा या रचना के द्वारा विशेष महत्व प्रदान किया गया होता है। एएसीआर-2 में ऐसे ग्रन्थों को दो वर्गों में विभक्त किया गया है– (1) **सहभागी उत्तरदायित्व नहीं दर्शाया गया** (2) **सहभागी उत्तरदायित्व दर्शाया गया है** तथा इनके लिए संलेख तत्व निर्धारित करने हेतु अलग-अलग नियम दिए हुए हैं।

**एएसीआर-2** में सहभागी उत्तरदायित्व की परिधि में निम्न प्रकार के ग्रन्थ व ग्रन्थकार आते हैं –

(अ) दो या अधिक व्यक्तियों के सहयोग से बनी कृति।

(ब) विभिन्न व्यक्तियों द्वारा विभिन्न योगदानों से निर्मित कृति।

(स) दो या अधिक व्यक्तियों के आदान-प्रदान से निर्मित कृति जैसे–पत्राचार अथवा वाद-विवाद आदि।

## 6.1 लेखन का प्रमुख उत्तरदायित्व (जब दर्शाया नहीं गया हो)

प्रायः जब किसी ग्रन्थ के दो या दो से अधिक लेखक हैं और वे समान रूप से ग्रन्थ के मुखपृष्ठ पर एक समान मुद्रित हैं और उन्हें समान स्तर दिया गया है तब इस स्थिति को एएसीआर-2 में पुनः दो श्रेणियों में विभाजित किया गया है।

**6.1.1 दो अथवा तीन लेखकों द्वारा लिखित ग्रन्थ–** ऐसी स्थिति में प्रथम लेखक के नाम से मुख्य संलेख निर्मित की जाती है तथा अन्य दो लेखकों के नाम से इतर संलेख निर्मित किए जाते हैं। **[See Ex. 13, 14]**

**6.1.2 तीन से अधिक लेखकों द्वारा लिखित ग्रन्थ** – जब किसी ग्रन्थ के तीन से अधिक लेखक हैं और किसी को महत्ता नहीं दी गई है तो ऐसी स्थिति में मुख्य संलेख आख्या के अन्तर्गत निर्मित की जाती है तथा प्रथम लेखक के नाम से मात्र इतर संलेख बनाई जाती है। मुख्य संलेख के उत्तरदायित्व विवरण क्षेत्र में प्रथम लेखक के नाम के साथ केवल तीन बिन्दु लगाकर (et al) शब्द बड़े कोष्ठक में लिखते हैं। उदाहरण–

**Ram Mohan ... [et al]**

जहाँ et al शब्द लैटिन भाषा के et alii शब्द का संक्षिप्त रूप है जिसका अर्थ **तथा अन्य (and others)** होता है। **[See Ex. 15 and 16]**

## 6.2 लेखन का प्रमुख उत्तरदायित्व (जब दर्शाया गया हो)

**6.2.1** जब किसी ग्रन्थ के कई लेखक हों और उनमें से किसी एक को लेखन का प्रमुख उत्तरदायित्व दिया गया हो जो मुखपृष्ठ पर लेखकों के नाम निम्न प्रकार अंकित कर दर्शाया जा सकता है।

| Ram Mohan | Ram Mohan | Ram Mohan with |
|---|---|---|
| HAR SWARUP SHARMA | Har Swarup Sharma | Har Swarup Sharma |
| R.G. Sharma | **R.G. Sharma** | R.G. Sharma |

**स्पष्टीकरण** – पहले उदाहरण में प्रमुखता दूसरे लेखक (HAR SWARUP SHARMA) को बड़े अक्षरों में लिखकर दी गई है। दूसरे उदाहरण में तीसरे लेखक **(R.G. Sharma)** को गहरे अक्षरों में लिखकर दी गई है तथा तीसरे उदाहरण में प्रथम लेखक (Ram Mohan) को शब्दों के द्वारा प्रमुखता दी गई है। इसलिए इन प्रमुख लेखकों के नाम से ही मुख्य संलेख **(एएसीआर-2 के Rule 21.6 B1** के अनुसार) निर्मित किये जायेंगे तथा अन्य नामों से इतर संलेख निर्मित किए जायेंगे। **[See Ex. 17, 18, 19, 20]**

**6.2.2.** और यदि किसी मुखपृष्ठ पर दो लेखकों के नामों को महत्ता दी गई है तो उनमें से पहले नाम से मुख्य संलेख निर्मित की जायेगी। **[See Ex. 21]**

Ex. 13 : (ग्रन्थ के दो लेखक हैं)

**Psychology of Perception**

William N. Dember
Joel S. Warm

Second Edition

Holt, Rinehart and Winston
New York, Chicago, San Francisco
1979

---

**Other informations :**

| | | |
|---|---|---|
| Call No. | : | 159.937 DEM |
| Acc. No. | : | 5302 |
| No. of pages | : | iii. 536 |
| Size | : | 24 cm. |
| ISBN | : | Not provided |

Note – Publication year is copyright year.

## ग्रन्थात्मक विवरण का विश्लेषण

1. ग्रन्थ की क्रामक संख्या में कोई विशेष बात नहीं है।
2. ग्रन्थ के दो लेखक हैं तथा दोनों को समान महत्व दिया गया है इसलिए मुख्य संलेख के शीर्षक क्षेत्र में उस लेखक का नाम अंकित किया जायेगा जो मुखपृष्ठ पर पहले लिखा हुआ है [**देखें 6.1.1**] इस प्रकार लेखक का उपकल्पन निम्न प्रकार होगा–

   Dember, William N.
3. चूँकि मुखपृष्ठ पर लेखकों के नाम से पूर्व न तो by शब्द लिखा है और ना ही उन दोनों के मध्य and शब्द लिखा है। इसलिए उत्तरदायित्व क्षेत्र में ये दोनों शब्द नहीं लिखे जायेंगे।
4. प्रकाशन वर्ष कापीराइट वर्ष है इसलिए c1979 लिखी जायेगी।
5. दूसरे लेखक के नाम से इतर संलेख निर्मित की जायेगी।

## मुख्य संलेख

| | | |
|---|---|---|
| 159.937<br>DEM | Dember, William N. | |
| 5302 | | Psychology of perception/William N. Dember [and] Joel S. Warm · –2nd ed · –New York : Holt, Rinehart and Winston, c1979.<br>viii, 536p.; 24 cm.<br>1. Perception I. Warn, Joel S. II. Title |

**नोट**– मुख्य संलेख के संकेतन क्षेत्र में अतिरिक्त संलेखों के शीर्षक अंकित किए जाते हैं इस ग्रन्थ की मात्र तीन अतिरिक्त संलेख (क) विषय संलेख (ख) सहलेखक संलेख (ग) आख्या संलेख निर्मित की जायेंगी। इस प्रकार तीन इतर संलेख निम्न प्रकार बनेंगी।

## इतर संलेख (विषय)

| | | |
|---|---|---|
| 159.937<br>DEM | | PERCEPTION<br>Dember, Wiliam N. |
| | | Psychology of perception/William N. Dember<br>(Rest as in the main entry) |

नोट– ध्यान रहे इतर संलेख (विषय) बनाते समय विषय को दीर्घ अक्षरों (Capital Letters) में अंकित किया जाता है।

## इतर संलेख (सहलेखक)

| | | |
|---|---|---|
| 159.937<br>DEM | | Warm, Joel S.<br>Dember, William N. |
| | | Psychology of perception/William N. Dember<br>(Rest as in the main entry) |

## इतर संलेख (आख्या)

| | | |
|---|---|---|
| 159.937<br>DEM | | Psychology of perception<br>Dember, William N. |
| | | Psychology of perception/William N. Dember<br>(Rest as in the main entry) |

**Ex. 14 : (तीन लेखक हैं तथा किसी को भी महत्व नहीं दिया गया है)**

**Child Psychology**

Robert Mark
Robert Nicolson
Marshall Teeto
Associate Professors of Psychology
State University of New York
U.S.A.

Edition 3
1986

Prentice Hall
New York

---

**Other informations :**

| | | |
|---|---|---|
| Call No. | : | 155.4 MAR (DDC) |
| | | 51 N86 (CC) |
| Acc. No. | : | 6130 |
| Pages No. | : | viii, 548 |
| Size | : | 24 cm. |
| ISBN | : | 0-13-208109-1 |

**H.T.P.** : The book was published under Psychology of Human Series. The editor of series is Mark David.

## ग्रन्थात्मक विवरण का विश्लेषण

1. ग्रन्थ के क्रामक अंक दिए गए हैं यहाँ DDC का वर्गांक 155.4 MAR प्रयोग किया जायेगा।
2. ग्रन्थ के तीन लेखक हैं और किसी को महत्त्व नहीं दिया गया है। इसलिए मुख्य संलेख के अग्र अनुच्छेद में प्रथम लेखक का नाम अंकित किया जायेगा। **[देखें 6.1.1]** अन्य लेखकों के नाम से इतर संलेख निर्मित की जायेंगी।
3. संस्करण भी दिया गया है।
4. ग्रन्थ ग्रन्थमाला के अन्तर्गत प्रकाशित हुआ है इसलिए ग्रन्थमाला को भी मुख्य संलेख में प्रदर्शित किया जायेगा।
5. इस उदाहरण में एक अन्य बात और दी गई है वह है ग्रन्थमाला का सम्पादक। इससे सम्बन्धित विवरण कैसे प्रस्तुत किया जायेगा। इसके लिए इसी पुस्तक की **3.1.7** देखें। एएसीआर-2 के अनुसार सामान्यतया ग्रन्थमाला के सम्पादक का नाम कही नहीं लिखा जाता है लेकिन उसी स्थिति में ही लिखा जाता है जब ग्रन्थमाला को सम्पादक के बिना पहचान करने में कठिनाई का अनुभव होता है। **[देखें 3.1.7]**

## मुख्य संलेख

| | | |
|---|---|---|
| 155.4<br>MAR | Mark, Robert | |
| 6130 | Child psychology/Robert Mark, Robert Nicolson [and] Marshall Teeto · – 3rd ed · – New York : Prentice Hall, 1986.<br>viii, 548p.; 24 cm · – (Psychology of human series)<br>ISBN0-13-208109-1<br>1. Psychology-Child I.Nicolson, Robert II.Teeto, Marshall III.Title IV.Series | |

## इतर संलेख (विषय)

| | | |
|---|---|---|
| 155.4<br>MAR | | PSYCHOLOGY<br>Mark, Robert |
| | | Child psychology/Robert Mark, Robert<br>(Rest as in the main entry) |

## इतर संलेख (सहलेखक-1)

| | | |
|---|---|---|
| 155.4<br>MAR | | Nicolson, Robert<br>Mark, Robert |
| | | Child psychology/Robert Mark, Robert<br>(Rest as in the main entry) |

## इतर संलेख (सहलेखक-2)

| | | |
|---|---|---|
| 155.4<br>MAR | | Teeto, Marshall<br>Mark, Robert |
| | | Child psychology/Robert Mark, Robert<br>(Rest as in the main entry) |

## इतर संलेख (आख्या)

| 155.4<br>MAR | Mark, Robert | Child psychology |
|---|---|---|
| | | Child psychology/Robert Mark, Robert<br>(Rest as in the main entry) |

## इतर संलेख (ग्रन्थमाला)

| 155.4<br>MAR | Mark, Robert | Psychology of human series |
|---|---|---|
| | | Child psychology/Robert Mark, Robert<br>(Rest as in the main entry) |

Ex. 15 : (तीन से अधिक लेखक हैं)

**Principles of Psychology**
**(Edition Sixth)**

Richard H. Price
University of Michigan, Ann Arbor

Mitchell Glickstein
Brown University

David L. Horton
University of Maryland

Ronald H. Bailey

Holt, Rinehart and Winston
New York, Chicago, Sun Francisco
1982

---

**Other informations :**

| | | |
|---|---|---|
| Call No. | : | 150 PRI (DDC) |
| | : | S N82 (CC) |
| Acc. No | : | 5819 |
| Pages | : | xvii, 650 |
| Size | : | 26 cm. |
| ISBN | : | 0-03-048411-1 |

H.T.P. – Research Monographs/Institute of Psychology.

## ग्रन्थात्मक विवरण का विश्लेषण

1. ग्रन्थ की डीडीसी के अनुसार क्रामक संख्या 150 PRI है।
2. ग्रन्थ की आख्या भी सरल है।
3. ग्रन्थ के 4 लेखक हैं जब एएसीआर-2 के अनुसार यदि किसी भी लेखक को महत्व नहीं दिया गया है तो मुख्य संलेख को ग्रन्थ की आख्या के अन्तर्गत प्रविष्ट किया जाता है तथा ग्रन्थ के प्रथम लेखक के नाम से अतिरिक्त संलेख निर्मित की जाती है। **[देखें 6.1.2]**
4. उत्तरदायित्व विवरण में ग्रन्थ के चार लेखक होने पर प्रथम लेखक का नाम लिखकर तीन बिन्दु लगा कर बड़े कोष्ठक में et al शब्द अंकित करते हैं। इस उदाहरण में उत्तरदायित्व निम्न प्रकार अंकित किया जायेगा– Richard H. Price ... [et al] **[देखें 6.1.2]**
5. साथ में ग्रन्थमाला भी दी गई है जिसका साथ में सम्पादक भी है तथा सम्पादक के नाम के बिना ग्रन्थमाला का कोई अर्थ नहीं निकल रहा है। इसलिए ग्रन्थमाला के साथ-साथ सम्पादक का नाम (अथवा संस्था) भी अंकित किया जायेगा।
6. अन्य कोई खास बात नहीं है। **[देखें 6.1.2]**

## मुख्य संलेख

| | | |
|---|---|---|
| 150<br>PRI | Principles of psychology/Richard H. Price... [et.el] | |
| 25819 | · – New York : Holt Rinehart and Winston, 1982.<br>xvii, 650p,; 26 cm · –(Research Monographs/ Edited by Institute of Psychology).<br>ISBN0-03-048411-1<br>1. Psychology I. Price, Richard H. III. Series<br>○ | |

## इतर संलेख (विषय)

| | | |
|---|---|---|
| 150<br>PRI | | PSYCHOLOGY<br>Prinicples of psychology/ Richard H. Price...[et al]. |
| | | (Rest as in the main entry) |

## इतर संलेख (लेखक)

| | | |
|---|---|---|
| 150<br>PRI | | Price, Richard H.<br>Prinicples of psychology/ Richard H. Price...[et al]. |
| | | (Rest as in the main entry) |

## इतर संलेख (ग्रन्थमाला)

| | | |
|---|---|---|
| 150<br>PRI | | Research monographs<br>Prinicples of psychology/ Richard H. Price...[et al]. |
| | | (Rest as in the main entry) |

Ex. 16 : (चार लेखक हैं, प्रथम लेखक का जन्म-वर्ष दिया गया है। ग्रन्थमाला तथा सम्पादक भी है।)

**Principles of Psychology**
**(7th edition)**

N.S. Chauhan
Meerut University, Meerut

D.N. Srivastava
Agra College. Agra

S.P. Mukerjee
Agra University. Agra
and
R.P. Gupta

Ram Prasad & Sond
Hospital Road, Agra
1989

---

**Other informations :**

| | | |
|---|---|---|
| Call Number | : | 150 CHA (DDC) |
| | | S N 89 (CC) |
| Acc. Number | : | 5819 |
| Pages | : | xvii, 650 |
| Size | : | 26 cm. |
| ISBN | : | 0-03-048411-1 |

1. The book has some illustrations also.
2. The date of birth of the first author is 1930.
3. The book is published under Indian Psychology Series at S.N. 8 and the editor of series is B.N. Bhargava.

## ग्रन्थात्मक विवरण का विश्लेषण

1. चूँकि ग्रन्थ के लेखक तीन से अधिक अर्थात् 4 हैं और किसी को भी विशेषता अथवा महत्ता नहीं प्रदान की गई है इसलिए मुख्य संलेख ग्रन्थ की आख्या से निर्मित की जायेगी। ध्यान रहे आख्या प्रथम शीर्ष से प्रारम्भ करते हैं तथा उसकी अनुवर्ती पंक्तियाँ द्वितीय शीर्ष से प्रारम्भ होती हैं।
2. उत्तरदायित्व क्षेत्र में लेखकों का उत्तरदायित्व प्रकट करने के लिए नियम के अनुसार प्रथम लेखक का नाम लिखकर अन्य लेखकों के लिए दीर्घ कोष्ठक में **[et.al]** शब्द अंकित किया जाता है। तथा अतिरिक्त संलेख नियम के अनुसार केवल प्रथम लेखक के नाम से ही निर्मित की जायेगी। प्रथम लेखक का जन्म वर्ष भी दिया हुआ जो अंकित नहीं किया जाता है। **[देखें 6.1.2]**
3. ग्रन्थ में कुछ चित्र **(Illustrations)** भी हैं अतः इस बात का उल्लेख पृष्ठांकन क्षेत्र में किया जाना आवश्यक है।
4. ग्रन्थ, ग्रन्थमाला के अन्तर्गत प्रकाशित हुआ है जिसका क्रमांक एवम् सम्पादक भी दिया गया है यह भी ध्यान रखना है। लेकिन यह ध्यान रहे ग्रन्थमाला के सम्पादक का नाम का उल्लेख तभी किया जाता है जब सम्पादक के बिना ग्रन्थमाला की पहचान न हो सके। इसलिए यहाँ सम्पादक का नाम अंकित नहीं किया जायेगा।

## मुख्य संलेख

| | | |
|---|---|---|
| 150<br>CHA | Principles of psychology/N.S. Chauhan ... [et al]. | |
| 5810 | | Agra : Ram Prasad, 1989.<br>xvii, 650p.; illus; 26cm · – (Indian psychology series; no.8)<br>ISBN 0.03-048411-1<br>1. Psychology I.Chauhan, N.S. II.Series |

## इतर संलेख (विषय)

| | | |
|---|---|---|
| 150<br>CHA | | Psychology<br>Prinicples of psychology/ N.S. Chauhan... [et.al] |
| | | (Rest as in the main entry) |

**नोट** – ध्यान रहे कि विषय संलेख में विषय दीर्घ अक्षरों में लिखा जाता है।

## इतर संलेख (लेखक)

| | | |
|---|---|---|
| 150<br>CHA | | Chauhan, N.S.<br>Prinicples of psychology/ N.S. Chauhan... [et.al] |
| | | (Rest as in the main entry) |

## इतर संलेख (ग्रन्थमाला)

| | | |
|---|---|---|
| 150<br>CHA | | Indian psychology series; no. 8<br>Prinicples of psychology/ N.S. Chauhan... [et.al] |
| | | (Rest as in the main entry) |

Ex. 17: (दो लेखकों में से दूसरे को वरीयता, साथ में ग्रन्थमाला भी)

**Indexing Methods**

(Fourth edition)

By
Harold Borko
Graduate School of Library and Information Science
University of California
Los Angels, California

**Charles L. Bernier**
School of Information and Library Studies
State University of New York
Buffalo, New York

Academic Press
New York, Sen Fransisco, London
1979

---

**Other informations :**

| | | |
|---|---|---|
| Call No. | : | 2:97 N79 (CCC) |
| | | 025.06BOR (DDC) |
| Acc. No. | : | 4568 |
| Pages | : | xi, 280 |
| Size | : | 23 × 16 cm. |
| ISBN | : | 0-12-118660-1 |
| References on pages | : | 232–238 |
| Subject Index on pages | : | 239–261 |

H.T.P. : Library and Information Science Series.

## ग्रन्थात्मक विवरण का विश्लेषण

1. ग्रन्थ का क्रामक अंक DDC एवम् CC पद्धतियों के अनुसार दिया हुआ है इसलिए एएसीआर-2 के लिए हम DDC का वर्गांक लेकर 025.06 BOR क्रामक संख्या का प्रयोग करेंगे।

2. ग्रन्थ के दो लेखक हैं तथा दोनों के कार्य स्थलों के पूर्ण विवरण दिए हुए हैं। एएसीआर-2 में इन विवरणों का कोई महत्व नहीं है। चूँकि ग्रन्थ के दो लेखक हैं लेकिन दूसरे लेखक के नाम को गहरे अक्षरों (Bold) में लिखकर वरीयता दी गई है इसलिए दूसरे लेखक का नाम मुख्य संलेख के अग्र अनुच्छेद में अंकित किया जायेगा। उत्तरदायित्व क्षेत्र में दोनों लेखकों के नाम अंकित किए जायेंगे। प्रथम लेखक के नाम से (जिसे महत्व नहीं दिया गया है) इतर संलेख निर्मित की जायेगी। **[देखें 6.2.1]**

3. आख्या में कोई कठिनाई नहीं है लेकिन उत्तरदायित्व क्षेत्र में आख्या के बाद दो लेखकों का नाम प्रत्यक्ष रूप में अंकित किया जायेगा।

4. चूँकि ग्रन्थ ग्रन्थमाला के अन्तर्गत प्रकाशित हुआ है इसलिए पृष्ठ आदि विवरण के बाद लघु कोष्ठक में ग्रन्थमाला का नाम अंकित किया जायेगा।

5. अन्य सूचनाओं में References तथा Subject Index से सम्बन्धित विवरण है इसलिए ये दोनों बातें टिप्पणी अनुच्छेद में अंकित की जायेंगी।

6. ग्रन्थ की ISBN संख्या भी दी गई है इसलिए उसका भी उल्लेख किया जायेगा।

7. यदि प्रकाशन के कई स्थान मुख पृष्ठ पर दिये हो तो नियम के अनुसार प्रथम लिखे स्थान का उल्लेख प्रकाशन विवरण में किया जाता है। इसलिए यह केवल **New York** का उल्लेख किया जायेगा।

## मुख्य संलेख

| | |
|---|---|
| 025.06<br>BOR | Bernier, Charles L. |
| 4568 | Indexing methods/by Harold Borko and Charles L. Bernier · – 4th ed · – New York : Academic Press, 1979.<br>xi, 280p.; 23 cm. · –(Library and information science series)<br>References on pages 232–238.<br>Subject index on pages 239–261.<br>ISBN 0.12-118660–1<br>1. Indexing 2. Library science I. Borko, Harold II. Title III. Series |

## इतर संलेख (विषय-1)

| | |
|---|---|
| 025.06<br>BOR | INDEXING<br>Bernier, Charles L. |
| | (Rest as in the main entry) |

**नोट** – विषय (इतर संलेख) में विषय शीर्षक दीर्घ अक्षरों (Capitals) में लिखा जाता है।

## इतर संलेख (विषय-2)

| | |
|---|---|
| 025.06<br>BOR | LIBRARY SCIENCE<br>Bernier, Charles L. |
| | (Rest as in the main entry) |

## इतर संलेख (सहलेखक)

| | | |
|---|---|---|
| 025.06<br>BOR | Bernier, Charles L. | Borko, Harold |
| | | (Rest as in the main entry) |

## इतर संलेख (आख्या)

| | | |
|---|---|---|
| 025.06<br>BOR | Bernier, Charles L. | Indexing methods |
| | | (Rest as in the main entry) |

## इतर संलेख (ग्रन्थमाला)

| | | |
|---|---|---|
| 025.06<br>BOR | Bernier, Charles L. | Library and information science series. |
| | | (Rest as in the main entry) |

## Ex. 18 : (तीन लेखक, एक को वरीयता, अनुवादक भी है, दो ISBN संख्याएँ है)

**Principles of Electrical Engineering**
**(Revised Edition Seventh)**

By
John Milton
Clark Shenon
VANNEVAR BUSH

John Wiley & Sons
New York, London

Translated into
English by
M. Tennyson

---

**Other informations :**

| | | |
|---|---|---|
| Call Number | : | 621.3 BUS (DDC) |
| | : | D66 J51 (CC) |
| Acc. Number | : | 32156 |
| Copyright data | : | 1951 |
| Pages | : | ix, 629 |
| Size of the book | : | 23.2 cm. |
| ISBN (UK) | : | 0-85038-557-1 |
| ISBN (USA) | : | 0-89397-132-4 |

## ग्रन्थात्मक विवरण का विश्लेषण

1. ग्रन्थ की क्रामक संख्या 621.3 BUS में कोई विशेष बात नहीं है।

2. ग्रन्थ के तीन लेखक हैं तथा तीसरे लेखक को Typography के द्वारा दीर्घ अक्षरों में लिखकर विशिष्टता प्रदान की गई है इसलिए मुख्य संलेख इसी लेखक के नाम से निर्मित की जायेगी तथा अन्य नामों से अतिरिक्त संलेख बनाई जायेगी। **[देखें 6.2.1]**

3. प्रकाशन वर्ष कापीराइट वर्ष दिया हुआ है इसलिए नियम के अनुसार प्रकाशन वर्ष का अंकन **c1951** किया जायेगा।

4. ग्रन्थ का आकार 23.2 cm दिया हुआ है नियम के अनुसार भिन्न रूपों को अगले पूर्णांक में परिवर्तित कर अंकित करते हैं। इसलिए आकार 24 सेमी अंकित किया जायेगा। **[देखें 3.1.6(अ)]**

5. ग्रन्थ की दो मानक संख्याएँ दी गई हैं अतः नियम के अनुसार दोनों को दो अलग क्षेत्रों में द्वितीय ऊर्ध्वाधर रेखा से अंकित किया जायेगा।

6. सहकारक के रूप में अनुवादक भी है अनुवादक के लिए अतिरिक्त संलेख बनाने के प्रमुख कारणों में से एक यह होता है कि ग्रन्थ का अनुवाद स्वयं में महत्वपूर्ण है। यहाँ ग्रन्थ का अनुवाद अँग्रजी भाषा में किया गया है जो विश्व की सर्वाधिक प्रचलित एवम् महत्वपूर्ण भाषा है। **[देखें 4.2 (अ)]**

## मुख्य संलेख

| | | |
|---|---|---|
| 621.3<br>BUS | Bush, | Vannevar |
| 32156 | Milton, Clark Shenon [and] Vannever Bush; translated into English by M. Tennyson · – 7th rev ed. · – John Wiley : New York, c1951. | Principles of electrical engineering/by John<br>ix, 629p. ; 24 cm.<br>ISBN 0-85038-557-1 (UK)<br>ISBN 0-89397-132-4 (USA)<br>1. Electrical engineering I.Milton, John. II.Shenon, Clerk III.Tennyson, M. IV.Title |

## इतर संलेख (विषय)

| | | |
|---|---|---|
| 621.3<br>BUS | Bush, | ELECRICAL ENGINEERING<br>Vannevar |
| | | Principles of electrical engineering/by John<br>(Rest as in the main entry) |

## इतर संलेख (सहलेखक-1)

| | | |
|---|---|---|
| 621.3<br>BUS | Bush, | Milton, John<br>Vannevar |
| | | Principles of electrical engineering/by John<br>(Rest as in the main entry) |

**नोट** – चूँकि तीसरे लेखक के नाम से मुख्य संलेख बनाई गई है इसलिए शेष (अर्थात् पहले दोनों) नामों से इतर संलेख बनाई जायेंगी।

## इतर संलेख (सहलेखक-2)

| | | |
|---|---|---|
| 621.3<br>BUS | Bush | Shenon, Clark<br>, Vannevar |
| | | Principles of electrical engineering/by John<br>(Rest as in the main entry) |

## इतर संलेख (अनुवादक)

| | | |
|---|---|---|
| 621.3<br>BUS | Bush | Tennyson, M.<br>, Vannevar |
| | | Principles of electrical engineering/by John<br>(Rest as in the main entry) |

## इतर संलेख (आख्या)

| | | |
|---|---|---|
| 621.3<br>BUS | Bush | Principles of electrical engineering<br>, Vannevar |
| | | Principles of electrical engineering/by John<br>(Rest as in the main entry) |

Ex. 19 : (तीन लेखक, द्वितीय को अधिक महत्व)

**Speed, Strength and Stamina**
**Conditioninig for Tennis**

By
Connie Haynes
**Eve Kraft**
John Conroy

Illustrated by
George James

Doubleday
Garden City, New York
1975

---

**Other informations :**

| | | |
|---|---|---|
| Call No. | : | 796.342 KRA (DDC) |
| | | MY 2131 N75 (CC) |
| Acc. No. | : | 3001 |
| Pages | : | vi, 210 |
| Size | : | 23 cm. |
| ISBN | : | is not provided |

**Note** — There are so many illustrations in the book.

## ग्रन्थात्मक विवरण का विश्लेषण

1. हमें DDC के वर्गांक वाला क्रामक अंक लेना है तथा उसे उसके उचित स्थान पर अंकित किया जाना है।
2. ग्रन्थ की आख्या के साथ-साथ उप-आख्या भी दी गई है इसलिए मुख्य संलेख के आख्या एवम् उत्तरदायित्व क्षेत्र में पहले आख्या फिर उप-आख्या अंकित करते हैं। दोनों के मध्य कौलन (:) लगाया जाता है। उप-आख्या का प्रथम अक्षर दीर्घ नहीं लिखा जाता है।
3. चूँकि ग्रन्थ के तीन लेखक हैं और उनमें से द्वितीय लेखक Eve Kraft को गहरे अक्षरों (Bold) में लिखकर महत्व प्रदान किया गया है इसलिए मुख्य संलेख उसी के नाम से निर्मित की जायेगी। **[देखें 6.2.1]**
4. अन्य दो लेखकों के नाम उत्तरदायित्व क्षेत्र में सम्मिलित किये जायेंगे लेकिन दूसरे एवम् तीसरे लेखक के नाम के मध्य and शब्द लिखा जा सकता है पर बड़े कोष्ठक में क्योंकि यह बाह्य रूप से लिया गया है।
5. इसमें एक सहकारक (i.e. Illustrator) दिया गया है इसलिए उत्तरदायित्व क्षेत्र में उसका उल्लेख किया जायेगा तथा एक इतर संलेख भी इस नाम से निर्मित की जायेगी क्योंकि यहाँ शर्त पूरी हो रही है। **[देखें 4.2 (ब)]**

## मुख्य संलेख

| | |
|---|---|
| 796.342<br>KRA | Kraft, Eve |
| 3001 | Speed, strength and stamina : conditioning for tennis / by Connie Haynes, Eve Kraft [and] John Conroy ; illustrated by George James · – New York : Doubleday, 1975.<br>vi, 210p.; 23 cm.<br>1. Tennis I.Haynes, Connie II.Conroy, John III.James, George, illus. IV.Title |

## इतर संलेख (विषय)

| | | |
|---|---|---|
| 796.342<br>KRA | Kraft, | TENNIS<br>Eve |
| | | (Rest as in the Main Entry) |

## इतर संलेख (सहलेखक-1)

| | | |
|---|---|---|
| 796.342<br>KRA | Kraft, | Haynes, Connie<br>Eve |
| | | (Rest as in the Main Entry) |

## इतर संलेख (सहलेखक-2)

| | | |
|---|---|---|
| 796.342<br>KRA | Kraft, | Conroy, John<br>Eve |
| | | (Rest as in the Main Entry) |

## इतर संलेख (चित्रकार)

| | | |
|---|---|---|
| 796.342<br>KRA | Kraft, | James, George, illus.<br>Eve |
| | | (Rest as in the Main Entry) |

## इतर संलेख (आख्या)

| | | |
|---|---|---|
| 796.342<br>KRA | Kraft, | Speed, strength and stamina<br>Eve |
| | | (Rest as in the Main Entry) |

**Ex. 20 : (तीन लेखक, एक को वरीयता, साथ में ग्रन्थमाला)**

**The Speed, Strength and Stamina**
**Conditioning for Tennis**
**Edition Third**

by
R.K. Srivastava
with
Ram Mohan and Shyam Mohan

Edited by
P.S. Asthana

Students' Friends
Rajamandi, Agra
1975

---

**Other informations :**

| | | |
|---|---|---|
| Call Number | : | 796.342 SRI (DDC) |
| | | MY 2131 N75 (CC) |
| Acc. Number | : | 3001 |
| Pages | : | vi, 350 |
| Size | : | 23.6 cm. |

The book is published under Sports Series at numbers 6.

There are some illustrations also.

## ग्रन्थात्मक विवरण का विश्लेषण

1. ग्रन्थ की क्रामक संख्या 796.342 SRI में कोई विशेष बात नहीं है।
2. ग्रन्थ के तीन लेखक हैं जिनमें से प्रथम लेखक को शब्दों के द्वारा अधिक महत्व दिया गया है इसलिए शीर्षक अनुच्छेद में प्रथम लेखक का नाम ही अंकित किया जायेगा। **[देखें 6.2.1]**
3. ग्रन्थ की आख्या के साथ-साथ उप-आख्या भी दी गई है इसलिए उपकल्पन करते समय मुख्य आख्या के बाद कोलन (:) लगाकर उप-आख्या अंकित की जायेगी। लेकिन ध्यान रहे सीसीसी की तरह कोलन के बाद उप-आख्या का प्रथम अक्षर दीर्घ अक्षर नहीं बनाया जायेगा तथा साथ ही ग्रन्थ की आख्या के पहले लगा The शब्द नहीं हटाया जाता है जैसा कि **सीसीसी** में होता है।
4. आख्या के बाद उत्तरदायित्व क्षेत्र में तीनों लेखकों के नाम उसी प्रकार क्रम से अंकित किए जायेंगे जिस प्रकार मुखपृष्ठ पर दिए गए हैं। चूँकि मुखपृष्ठ पर लेखकों के नाम से पूर्व By शब्द अंकित था इसलिए यह शब्द उत्तरदायित्व क्षेत्र में भी अंकित किया जायेगा।
5. ग्रन्थ में सम्पादक (Editor) भी है इसलिए उत्तरदायित्व क्षेत्र में सेमीकोलन के बाद सहकारक के रूप में सम्पादक का भी उल्लेख किया जायेगा।
6. ग्रन्थ का आकार 23.6 सेमी. दिया गया है। एएसीआर-2 के अनुसार भिन्न को समाप्त करके अगले पूर्ण अंक में परिवर्तित करके लिखा जाता है।
7. संस्करण विवरण में कोई विशेष बात नहीं है।
8. चूँकि ग्रन्थ में Illustrations दिए गए है इसलिए पृष्ठांकन क्षेत्र में इस बात का भी उल्लेख किया जायेगा।
9. संकेतन क्षेत्र में विषय, सहलेखक (दो), तथा आख्या अतिरिक्त संलेखों के लिए संकेतन दिए जायेंगे।
10. चूँकि ग्रन्थ का सम्पादक भी है इसलिए इसके लिए संलेख बनाई जायेगी।

## मुख्य संलेख

| | |
|---|---|
| 796.342<br>SRI | Srivastava, R.K. |
| 3001 | The speed, strength and stamina : conditioning for tennis/by R.K. Srivastava, Ram Mohan and Shyam Mohan; edited by P.S. Asthana · – Agra : Students Friends, 1975.<br>vi, 350p: illus.; 24 cm · – (Sports series; no.6)<br>1.Tennis I.Ram Mohan II.Shyam Mohan III.Title.<br>○ |

## इतर संलेख (विषय)

| | |
|---|---|
| 796.342<br>SRI | TENNIS<br>Srivastara, R.K. |
| | The speed, strength and stamina : conditioning<br>(Rest as in the main entry) |

नोट– ध्यान रहे विषय को दीर्घ अक्षरों (Capitals) में लिखा जाता है।

## इतर संलेख (सहलेखक-1)

| | |
|---|---|
| 796.342<br>SRI | Ram Mohan<br>Srivastara, R.K. |
| | The speed, strength and stamina : conditioning<br>(Rest as in the main entry) |

## इतर संलेख (सहलेखक–2)

| | | |
|---|---|---|
| 796.342<br>SRI | Srivastara, R.K. | Shyam Mohan |
| | ing | The speed, strength and stamina : condition-<br><br>(Rest as in the main entry) |

## इतर संलेख (आख्या)

| | | |
|---|---|---|
| 796.342<br>SRI | Srivastara, R.K. | The speed, strength and stamina |
| | ing | The speed, strength and stamina : condition-<br><br>(Rest as in the main entry) |

## इतर संलेख (ग्रन्थमाला)

| | | |
|---|---|---|
| 796.342<br>SRI | Srivastara, R.K. | Sports series ; no.6 |
| | ing | The speed, strength and stamina : condition-<br><br>(Rest as in the main entry) |

Ex. 21 : (5 लेखक हैं और प्रथम दो नामों को वरीयता दी गई है)

**A Handbook of**
**Computer Based Technology**

by
R.P. Verma
J.P. Awasthy

Assisted by
A.K. Sharma
B.P. Shekhar
and
G.K. Varshney

Kogan Page, Lodon
Nicols Publishing Company
New York
1983

---

**Other informations :**

| | | |
|---|---|---|
| Call Number | : | 371.39445 VER |
| Acc. Number | : | 8049 |
| Pages | : | xi, 300 |
| Size | : | 22.8 cm. |
| ISBN | : | 0-89397-132-4 |

## ग्रन्थात्मक विवरण का विश्लेषण

1. ग्रन्थ के 5 लेखक हैं लेकिन प्रथम दो नामों को शब्दावली की सहायता से प्रमुखता दी गई है इसलिए मुख्य संलेख प्रथम लेखक के नाम से ही निर्मित की जायेगी। **[देखें 6.2.2]**
2. उत्तरदायित्व विवरण क्षेत्र में लेखक का विवरण नियम के अनुसार निम्न प्रकार होगा A.P.Mathur ... [et al]
3. केवल पहले लेखक के नाम से ही मात्र एक इतर संलेख बनाई जायेगी।
4. एक बात इसमें खास यह है कि यहाँ दो प्रकाशकों के नाम मुखपृष्ठ पर दिए गए हैं। इस सम्बन्ध में Rule 1.4B8 कहता है कि यदि किसी ग्रन्थ के दो प्रकाशक हैं तो दोनों को ही मुख्य संलेख में दिखाया जाता है यदि उनमें से प्रथम उस देश में स्थित नहीं है जहाँ ग्रन्थ का प्रसूचीकरण किया जा रहा है।
5. ग्रन्थ का आकार 22.8 को पूर्णांक बनाकर 23 cm. लिखा जायेगा।

## मुख्य संलेख

| | | |
|---|---|---|
| 371.39445<br>VER | Verma, R.P. | |
| 8049 | | A handbook of computer based technology/ by R.P. Verma ... [etal] · – London : Kogan Page ; New York; Nicols Publishing, 1983.<br>xi, 300p.; 23 cm.<br>ISBN 0-893997-132-4<br>1. Computer assisted instructions I.Title |

**नोट** – आख्या में से A, An, The शब्द नहीं निकाले जाते हैं जैसा कि **सीसीसी** में निकालकर लिखा जाता है।

## इतर संलेख (विषय)

| | | |
|---|---|---|
| 371.39445<br>VER | Verma, R.P. | COMPUTER ASSISTED INSTRUCTIONS |
| | | A handbook of computer based technology/<br>(Rest as in the main entry) |

## इतर संलेख (आख्या)

| | | |
|---|---|---|
| 371.39445<br>VER | Verma, R.P. | A handbook of computer based technology |
| | | A handbook of computer based technology/<br>(Rest as in the main entry) |

**********

# 7

# अनामक तथा सम्पादकत्व में प्रकाशित ग्रन्थ (Anonyms and Books Published under Editorship)

ग्रन्थालयों में लगभग सभी ग्रन्थों का कोई न कोई लेखक अवश्य होता है लेकिन कुछ ग्रन्थ ऐसे होते हैं जिनका कोई लेखक नहीं होता, ऐसे ग्रन्थ **अनामक ग्रन्थ** (Anonyms Books) कहलाते हैं। अनामक ग्रन्थ वे होते हैं जिनका लेखकत्व अनिश्चित अथवा अज्ञात होता है। यह ग्रन्थ एक तरह से अनामित समूह द्वारा रचित कृति होती है इसमें निहित समस्त आलेख भिन्न लेखकों द्वारा लिखे होते हैं तथा इन समस्त आलेखों का उत्तरदायित्व इनमें से किसी लेखक पर न होकर एक ऐसे व्यक्ति पर होता है जो उस ग्रन्थ में संग्रहीत समस्त आलेखों को एकत्रित करता है, सम्पादन करता है और एक कृति में प्रकाशित कर उन सभी आलेखों के लेखन का उत्तरदायित्व अपने ऊपर लेता है। ऐसा व्यक्ति **सम्पादक** (Editor) अथवा **संकलनकर्त्ता** (Compiler) कहलाता है।

सभी प्रकार के धार्मिक ग्रन्थ जैसे– कुरान, बाइबिल, उपनिषद् तथा साथ ही सभी प्रकार के प्रमुख विश्वकोश एवम् शब्दकोश जो अत्यन्त लोक प्रिय हैं इसी श्रेणी में गिने जाते हैं। इसके अतिरिक्त कुछ ऐसे महत्वपूर्ण ग्रन्थ भी होते हैं जिनका सम्पादक होने के बावजूद वे अपनी आख्या से ही जाने जाते हैं। हमारे सभी धार्मिक ग्रन्थ इसी श्रेणी में आते हैं।

## चयन एवम् उपकल्पन (Choice and Rendering)

एएसीआर-2 में अनामक ग्रन्थ तथा सम्पादकत्व में प्रकाशित ग्रन्थों के प्रसूचीकरण के नियम निम्न प्रकार हैं –

7.1 यदि कोई ग्रन्थ अज्ञात अथवा अनिश्चित लेखकत्व का है तो ऐसे ग्रन्थ को उसकी आख्या के अन्तर्गत प्रविष्ट किया जाता है।

[See Ex. 22, 23]

**7.2** यदि कोई ग्रन्थ एक या अधिक व्यक्तियों अथवा समष्टि निकायों द्वारा रचित (आरोपित) माना गया है तो वह आख्या के अन्तर्गत प्रविष्ट किया जाता है तथा उन व्यक्तियों अथवा निकायों के शीर्षकों के अन्तर्गत इतर संलेख निर्मित किए जाते हैं।

**7.3** यदि किसी ग्रन्थ के लेखक का ग्रन्थ के मुखपृष्ठ पर तो नाम नहीं है पर सन्दर्भ स्रोतों से यह आभास होता है कि कोई व्यक्ति किसी ऐसे ग्रन्थ का सम्भावित लेखक है तो उस ग्रन्थ को उस सम्भावित व्यक्ति के नाम के अन्तर्गत प्रविष्ट किया जाता है तथा आख्या से इतर संलेख निर्मित किया जाता हैं। **उदाहरण** – A true character of Mr. Pope कोई ग्रन्थ है जिसका लेखक अनिश्चित है प्रायः John Dennies सम्भावित लेखक है इसलिए –

## मुख्य संलेख

| | | |
|---|---|---|
| | Dennies, John | |
| | | A true character of Mr. Pope /John Dennies . – |

## इतर संलेख

| | | |
|---|---|---|
| | | A true character of Mr. Pope |
| | Dennies, John | |
| | | A true character of Mr. Pope /John Dennies . – |

**7.4** यदि व्यक्तिगत लेखक का नाम अज्ञात है तथा सूचना के मुख्य स्रोतों में लेखकत्व का आभास एक लाक्षणिक शब्द/ वाक्यांश या उस व्यक्ति की अन्य कृति के नाम के वाक्यांश से होता है तो उसे उसी शब्द या वाक्यांश के अन्तर्गत प्रविष्ट किया जाता है तथा आख्या से एक इतर संलेख निर्मित किया जाता है। **[See Ex. 26]**

**7.5** यदि किसी ग्रन्थ के लेखकत्व का आभास प्रबल रूप से केवल वर्ण विहीन और अंकविहीन युक्ति से होता है तो उस ग्रन्थ को आख्या के अन्तर्गत प्रविष्ट किया जाता है। **उदाहरण**– Angry thoughts by x!x!x! है तो इसे आख्या के अन्तर्गत प्रविष्ट किया जायेगा।

**मुख्य संलेख**

| | | |
|---|---|---|
| | Angry thoughts/by x ! x ! x ! | |
| | | |

7.6 यदि कोई अज्ञात लेखकत्व का ग्रन्थ किसी विशिष्ट लेखक की रचना के रूप में विख्यात हो तो उसे उसी विशिष्ट लेखक के नाम के अन्तर्गत प्रविष्ट किया जाता है। **उदाहरण–** A Tale of a tub (Published anonymously by Jonathan Swift) अतः इसे Jonathan Swift के नाम प्रविष्ट किया जायेगा तथा आख्या के अन्तर्गत इतर संलेख निर्मित किया जायेगा। **[See Ex. 27]**

**मुख्य संलेख**

| | | |
|---|---|---|
| | Swift, Jonathan | |
| | | A tale of tub |

**इतर संलेख (आख्या)**

| | | |
|---|---|---|
| | | A tale of tub |
| | Swift, Jonathan | |
| | | A tale of tub/Janathan Swift · – |

7.7 यदि कोई ग्रन्थ प्रसिद्ध विश्वकोश या शब्दकोश है तो मुख्य संलेख उसकी आख्या से ही निर्मित की जायेगी। **उदाहरण** – The Lexicon Encyclopaedia of Science By Barry Thomas तो मुख्य संलेख इसकी आख्या The Lexicon encyclopaedia of science से बनाई जायेगी तथा इसके लेखक के नाम Barry Thomas से इतर संलेख बनाई जायेगी। **[See Ex, 28 and 29]**

| | | |
|---|---|---|
| | The Lexican Encyclopaedia of science/by Barry | |
| | | Thomas · – |

Ex. 22 : (अनामक ग्रन्थ है साथ में एक सम्पादक भी है)

**Artificial Intelligence**

The Case Against

Edited by
Rainer Born

Croom Helm
London

---

**Other informations :**

| | | |
|---|---|---|
| Call Number | : | 001.535 ART |
| Acc. Number | : | 6569 |
| Year of Pub. | : | 1987 |
| Pages | : | xxx, 320 |
| Size | : | 24×18 cm. |
| ISBN | : | 0-7099-3293-6 |

## ग्रन्थात्मक विवरण का विश्लेषण

1. ग्रन्थ का कोई लेखक नहीं है केवल एक सम्पादक है इसलिए एएसीआर-2 के नियम 21.7A के अनुसार ग्रन्थ आख्या के अन्तर्गत प्रविष्ट किया जायेगा। **[See 7.1]**

2. ग्रन्थ की आख्या के साथ उप-आख्या भी दी गई है इसलिए आख्या निम्न प्रकार होगी –

   Artificial intelligence : the case against

   ध्यान रहे व्याकरण के नियम के अनुसार सेमीकोलन के बाद छोटे अक्षरों में ही लिखा जाता है।

3. ध्यान रहे जब ग्रन्थ का मुख्य संलेख ग्रन्थ की आख्या के अन्तर्गत प्रविष्ट किया जाता है तो प्रथम पंक्ति से प्रारम्भ करके अगली पंक्ति द्वितीय शीर्ष से लिखी जाती है। इसे लटकती हुई शीर्ष रेखा (Hanging Indention) कहते हैं। ध्यान रहे जब मुख्य संलेख लेखक के नाम के अन्तर्गत प्रविष्ट की जाती है तो आवश्यकता पड़ने पर द्वितीय पंक्ति द्वितीय शीर्ष से दो अक्षरों का स्थान छोड़कर लिखी जाती है

4. सम्पादक के नाम से इतर संलेख निर्मित की जायेगी।

5. एक नवीन समस्या भौतिक विवरण क्षेत्र में ग्रन्थ की ऊँचाई एवम् चौड़ाई से सम्बन्धित आ रही है जो 24 × 18 सेमी दी गई है। इसके लिए नियम यह है यदि किसी ग्रन्थ की चौड़ाई उसकी ऊँचाई की आधी से कम या अधिक है तब उसे उसी प्रकार लिखा जाता है जिस प्रकार दिया हुआ है। इसलिए यहाँ 24×18 cm. ही लिखा जायेगा। **[देखें 3.1.6 (स)]**

## मुख्य संलेख

| | | |
|---|---|---|
| 001.535<br>ART | Artificial intelligence : the case against/edited by | |
| 6569 | | Rainer Born · – London: Croom Helm, 1987.<br>xxx, 320p.; 24×18 cm.<br>ISBN 0-7099-3293-6<br>1. Artificial intelligence I. Born, Rainer |

## इतर संलेख (विषय)

| | | |
|---|---|---|
| 001.535<br>ART | | ARTIFICIAL INTELLINGENCE<br>Artificial intelligence : the case against/edited by |
| | | (Rest as in the main entry) |

## इतर संलेख (सम्पादक)

| | | |
|---|---|---|
| 001.535<br>ART | | Born, Rainer<br>Artificial intelligence : the case against/edited by |
| | | (Rest as in the main entry) |

Ex. 23 : (अनामक ग्रन्थ - साथ में सम्पादक तथा अनुवादक भी हैं)

**Principles of electrical engineering**
**(4th edition)**

Edited by
Rainer Born
Professor of Engineering
New York State University
New York, USA.

Translated in Hindi
by
B.L. Sharma
University of Technology
Lucknow

Croom Helm
London & Sydney
1985

---

**Other informations :**

| | | |
|---|---|---|
| Call No. | : | 621.3 BOR (DDC) |
| | : | D66 N85 (CC) |
| Acc. No. | : | 8245 |
| Pages | : | xxx, 360 |
| Size | : | 24 cm. |
| ISBN | : | 0-7099-3293-6 |

## ग्रन्थात्मक विवरण का विश्लेषण

1. ग्रन्थ की क्रामक संख्या 621.3 BOR है।
2. ग्रन्थ का कोई लेखक नहीं हैं लेकिन सम्पादक है इसलिए मुख्य संलेख के शीर्षक क्षेत्र में ग्रन्थ की आख्या अंकित की जायेगी।
3. ग्रन्थ के सम्पादक के नाम से एक इतर संलेख निर्मित की जायेगी।
4. ग्रन्थ का एक अनुवादक भी है जिसने ग्रन्थ का हिन्दी में अनुवाद किया है। उत्तरदायित्व क्षेत्र में इसका भी उल्लेख किया जायेगा।
5. अनुवादक इतर संलेख भी निर्मित की जायेगी क्योंकि ग्रन्थ आख्या के अन्तर्गत मुख्य संलेख में प्रविष्ट किया गया है जो अनुवाद संलेख हेतु एक शर्त पूरी करता है। [देखें **4.2 (अ)**]

### मुख्य संलेख

| | | |
|---|---|---|
| 621.3<br>BOR | Principles of electrical engineering/edited by | |
| 8245 | | Rainer Born; translated in Hindi by B.L. Sharma · – London : Croom Helm, 1985.<br>xxx, 360p.; 24 cm.<br>ISBN 0-7099-3293-6<br>1. Electrical engineering I.Born Rainer, ed<br>II.Sharma, B.L., tr. |

**नोट-1:** चूँकि मुख्य संलेख आख्या से निर्मित की गई है इसलिए संकेतन क्षेत्र में Title शब्द नहीं अंकित किया जायेगा।

## इतर संलेख (विषय)

| | | |
|---|---|---|
| 621.3<br>BOR | | ELECTRICAL ENGINEERING<br>Principles of electrical engineering/Edited by... |
| | | (Rest as in the main entry) |

## इतर संलेख (सम्पादक)

| | | |
|---|---|---|
| 621.3<br>BOR | | Born, Rainer, ed.<br>Principles of electrical engineering/edited by... |
| | | (Rest as in the main entry) |

## इतर संलेख (अनुवादक)

| | | |
|---|---|---|
| 621.3<br>BOR | | Sharma, B. L, tr.<br>Principles of electrical engineering/edited by.... |
| | | (Rest as in the main entry) |

**निर्देश** – यहाँ अनुवादक संलेख इसलिए निर्मित की जा रही है क्योंकि ग्रन्थ का मुख्य संलेख आख्या के अन्तर्गत बनाया गया है। **[देखें 4.2(अ)]**

## इतर संलेख (आख्या)

चूँकि मुख्य संलेख आख्या से निर्मित किया जा चुका है इसलिए आख्या संलेख नहीं निर्मित की जायेगी।

Ex. 24 : (तीन सम्पादक हैं किसी एक को प्रमुखता दी गई है)

**History of the British India**
**(Fourth edition)**

Edited by
Ashok Upadhyaya
Sugam Asthana
A.P. MATHUR
Y.N. Tripathi

Sahitya Bhawan
Agra
1986

---

**Other informations :**

| | | |
|---|---|---|
| Call Number | : | 954 HIS |
| Acc. Number | : | 18243 |
| Pages | : | xiv, 605 |
| Size | : | 22.5 cm. |
| ISBN | : | 0-226-52555-4 |

1. The book was published at S.N. 6 of Sahitya Bhawan Series of History.

## ग्रन्थात्मक विवरण का विश्लेषण

1. चूँकि ग्रन्थ का कोई लेखक नहीं है लेकिन चार सम्पादक हैं इसलिए मुख्य संलेख आख्या से निर्मित की जायेगी।
2. चार सम्पादक हैं जिनमें से तीसरे (A.P. Mathur) को बड़े अक्षरों में लिखकर प्रमुखता दी गई है इसलिए उत्तरदायित्व विवरण क्षेत्र में इसी को वरीयता देते हुए निम्न प्रकार अकिंत किया जायेगा।

**edited by A.P. Mathur...[et al.]**

## मुख्य संलेख

| | | |
|---|---|---|
| 954<br>HIS | | History of the British India/edited by A.P. Mathur... |
| 18243 | | [et al] · – 4th ed · – Agra : Sahitya Bhawan, 1986.<br>xiv, 605p.; 23 cm. (Sahitya Bhawan Series of History, no. 6)<br>1. History-India 2.History-British India I.Mathur,A.P. II.Series<br>○ |

## इतर संलेख (विषय-1)

| | | |
|---|---|---|
| 954<br>HIS | | HISTORY-INDIA<br>History of the British India/edited by A.P. Mathur... |
| | | (Rest as in the main entry) |

## इतर संलेख (विषय-2)

| | | |
|---|---|---|
| 954<br>HIS | | HISTORY-BRITISH INDIA<br>History of the British India/edited by A.P. Mathur... |
| | | (Rest as in the main entry) |

## इतर संलेख (सम्पादक)

| | | |
|---|---|---|
| 954<br>HIS | | Mathur, A.P.<br>History of the British India/edited by A.P. Mathur... |
| | | (Rest as in the main entry) |

## इतर संलेख (ग्रन्थमाला)

| | | |
|---|---|---|
| 954<br>HIS | | Sahitya Bhawan series of History, no.6.<br>History of the British India/edited by A.P. Mathur... |
| | | (Rest as in the main entry) |

Ex.25 : (अनामक ग्रन्थ है जिसका सम्भावित लेखक है साथ में अनुवादक तथा ग्रन्थमाला भी हैं)

**The Song of God**

(Translation of the Bhagwad Geeta)

Translated by
Ram Chandra Mukherjee

Clark & Sons
London
1937

---

**Other informations :**

| | | |
|---|---|---|
| Call Number | : | 294.518 THE (DDC) |
| Acc. Number | : | 6367 |
| Pages | : | vii, 3631 |
| Size | : | 23 cm |

1. The possible author of the book is Siya Ram Sharma.

H.T.P. : The book is published under **Religious Books Series**.

## ग्रन्थात्मक विवरण का विश्लेषण

1. चूँकि ग्रन्थ एक अनामक ग्रन्थ है और उसके मुखपृष्ठ पर किसी लेखक का नाम अंकित नहीं है लेकिन अन्य सूचनाओं में सम्भावित लेखक का नाम दिया हुआ है। इसलिए नियम के अनुसार ऐसे ग्रन्थ सम्भावित लेखक के नाम के अन्तर्गत प्रविष्ट किये जाते हैं तथा आख्या से इतर संलेख निर्मित किए जाते हैं। **[देखें 7.3]**
2. चूँकि नियम के अनुसार अनुवादक इतर संलेख नहीं बनाई जायेगी इसलिए संकेतन में अनुवादक के नाम का उल्लेख नहीं किया जायेगा।

## मुख्य संलेख

| | |
|---|---|
| 294.518<br>THE | Sharma, Siya Ram |
| <br><br><br>6367 | The song of God : translation of Bhagwad Geeta;translated by Ram Chandra Mukherjee · – London : Clark & Sons, 1937.<br>vii, 3631p.; 23 cm · –(Religious books series)<br>1.Indian philosophy 2.Bhagwad Geeta I.Title (Series)<br><br>○ |

## इतर संलेख (विषय-1)

| | |
|---|---|
| 294.518<br>THE | INDIAN PHILOSOPHY<br>Sharma, Siya Ram |
| | The song of God: translation of Bhagwad<br>(Rest as in the main entry) |

## इतर संलेख (विषय-2)

| 294.518<br>THE | Sharma, Siya Ram | BHAGWAD GEETA |
|---|---|---|
| | | The song of God: translation of Bhagwad<br>(Rest as in the main entry) |

## इतर संलेख आख्या

| 294.518<br>THE | Sharma, Siya Ram | The song of God |
|---|---|---|
| | | The song of God: translation of Bhagwad<br>(Rest as in the main entry) |

## इतर संलेख (ग्रन्थमाला)

| 294.518<br>THE | Sharma, Siya Ram | Religious book series |
|---|---|---|
| | | The song of God: translation of Bhagwad<br>(Rest as in the main entry) |

Ex.26 : (लेखक का नाम अज्ञात है तथा लेखकत्व का आभास सूचना के मुख्य स्रोतों से एक वाक्यांश से होता है)

**Memoir of Bowman Hendry**

Edited by
A Physician

Pragati Prakashan
Meerut, Agra
1980

Third Edition

---

**Other informations :**

Call Number : 823.8 PHY
Acc. Number : 7768
Size : 23.6
Pages : 308

1. The year f publication is copyright year.

## ग्रन्थात्मक विवरण का विश्लेषण

1. चूँकि ग्रन्थ के लेखक का व्यक्तिगत नाम अज्ञात है अर्थात मुखपृष्ठ पर किसी भी लेखक का नाम अंकित नहीं है। लेकिन लेखकत्व का आभास एक वाक्यांश Physician से होता है। इसलिए नियम के अनुसार मुख्य संलेख उसी वाक्यांश के अन्तर्गत प्रविष्ट किया जायेगा। **[देखें इसी अध्याय का 7.4]**
2. ग्रन्थ की आख्या से एक इतर संलेख निर्मित की जायेगी।

## मुख्य संलेख

| | | |
|---|---|---|
| 823.8<br>PHY | Physician | |
| 7768 | | Memoir of Bowman Hendry/by a physician · – 3rd ed · – Meerut : Pragati Prakashan, c1980.<br>308p.; 24 cm.<br>1. English-Fiction I.Title<br><br>○ |

## इतर संलेख (विषय)

| | | |
|---|---|---|
| 823.8<br>PHY | Physician | ENGLISH-FICTION |
| | | Memoir of Bowman Hendry/by a physician<br>(Rest as in the main entry) |

## इतर संलेख (आख्या)

| | | |
|---|---|---|
| 823.8<br>PHY | Physician | Memoir of Bowman |
| | | Memoir of Bawman Hendry/by a physician<br>(Rest as in the main entry) |

Ex.27 : (अज्ञात लेखकत्व लेकिन किसी विशिष्ट व्यक्ति की रचना के रूप में विख्यात है)

**A Tale of Tub**
(Seventh edition)

Published by
Jonathan Swift
A will known Story Writer

MIT Prakashan
Washington
USA
1954

---

**Other informations :**

| | | |
|---|---|---|
| Call Number | : | 823.8 JON |
| Acc. Number | : | 70365 |
| Size | : | 18 cm. |
| Pages | : | xii, 260 |

1. The year is copyright year.
2. The book is published under **Tale Collections** at number 13.

## ग्रन्थात्मक विवरण का विश्लेषण

1. ग्रन्थ के मुखपृष्ठ पर किसी भी लेखक का नाम नहीं है। इसलिए ग्रन्थ अज्ञात लेखतत्व से सम्बन्धित है। लेकिन ग्रन्थ के मुखपृष्ठ पर यह अंकित है कि ग्रन्थ Jonathan Swift द्वारा प्रकाशित कराया गया है। इसलिए इससे ज्ञात होता है कि यह ग्रन्थ Jonathan Swift के नाम से विख्यात है। इसलिए नियम के अनुसार ऐसे ग्रन्थ उस नाम के अन्तर्गत मुख्य संलेख में प्रविष्टि किये जाते हैं जिनसे वे विख्यात होते हैं। **[देखें 7.6]**
4. इसमें आख्या से इतर संलेख निर्मित की जाती है।

### मुख्य संलेख

| | | |
|---|---|---|
| 823.8<br>JON | Swift | , Jonathan |
| 70365 | 7th ed | A tale of tub/published by Jonathan Swift · –<br>· – Washingtan : MIT Prakashan, c1954.<br>xii, 260p.; 18 cm · – (Tale collections, no. 13)<br>1. English-Fiction I.Title II.Series<br><br>○ |

### इतर संलेख (विषय)

| | | |
|---|---|---|
| 823.8<br>JON | Swift | ENGLISH-FICTION<br>, Jonathan |
| | | A tale of tub/published by Jonathan Swift · –<br>(Rest as in the main entry) |

## इतर संलेख (आख्या)

| 823.8<br>JON | Swift | A tale of tub<br>, Jonathan |
|---|---|---|
| | | A tale of tub/published by Jonathan Swift · –<br>(Rest as in the main entry) |

नोट – आख्या में लगे प्रारम्भिक शब्द नहीं हटाये जाते हैं जैसे कि **सीसीसी** में हटा दिये जाते है।

## इतर संलेख (ग्रन्थमाला)

| 823.8<br>JON | Swift | Tale collections, no. 13<br>, Jonathan |
|---|---|---|
| | | A tale of tub/published by Jonathan Swift · –<br>(Rest as in the main entry) |

Ex. 28 : (अनामक विश्वकोश है)

**International Encyclopaedia**
**of**
**Social Sciences**
**(17 volumes)**

Edited by
David Pauls

MacMillan Press
New York
1968

---

**Other informations :**

Call Number : 300.3 INT

Acc. Number : 5323-39

Size : 27 cm.

Pages : xxx, 8006

## ग्रन्थात्मक विवरण का विश्लेषण

1. चूँकि ग्रन्थ एक विश्वकोश है और उसका कोई लेखक न होकर सम्पादक है। इसलिए ग्रन्थ की आख्या से मुख्य संलेख निर्मित किया जायेगा।
2. इसकी खण्ड संख्या दी हुई है कि यह 17 खण्डों में प्रकाशित हुआ है।
3. अन्य कोई खास बात नहीं है।

## मुख्य संलेख

| | | |
|---|---|---|
| 300.3<br>INT | International encyclopaedia of social sciences/ | |
| 5323-39 | | edited by David Pauls · – New York : Mac Millan, 1968.<br>17v., xxx, 8006 p.; 27 cm.<br>1.Social sciences I.Pauls, David |

## इतर संलेख (विषय)

| | | |
|---|---|---|
| 300.3<br>INT | | SOCIAL SCIENCES<br>International encyclopaedia of social sciences/ |
| | | (Rest as in the main entry) |

## इतर संलेख (सम्पादक)

| | | |
|---|---|---|
| 300.3<br>INT | | Pauls, David<br>International encyclopaedia of social sciences/ |
| | | (Rest as in the main entry) |

Ex. 29 : (अनामक शब्दकोश है)

**The Illustrated English Dictionary**
**(Encyclopaedic edition)**

Editor
H.G. Landau

Ferguson Books Pvt. Ltd.
Chicago
1978

---

**Other informations :**

| | | |
|---|---|---|
| Call Number | : | 423 THE |
| Acc. Number | : | 69128 |
| Pages | : | xxi, 1020 |
| Size | : | 23 cm. |

1. Includes coloured illustrations.
2. The copyright is of 1978.

## ग्रन्थात्मक विवरण का विश्लेषण

1. चूँकि यह एक प्रसिद्ध शब्दकोश है इसलिए मुख्य संलेख आख्या के अन्तर्गत प्रविष्ट की जायेगी। अन्य कोई खास बात नहीं है।

## मुख्य संलेख

| | | |
|---|---|---|
| 423<br>THE | The illustrated English dictionary/edited by H.G. | |
| 69128 | | Landau ·–Encyclopaedic edition ·–Chicago : Ferguson Books, c1978.<br>xxi, 1020p.; Col. illus.; 23 cm.<br>1. English-Dictionary I.Landau, H.G. |

## इतर संलेख (विषय)

| | | |
|---|---|---|
| 423<br>THE | The illustrated English dictionary/edited by | ENGLISH-DICTIONARY |
| | | (Rest as in the main entry) |

## इतर संलेख (सम्पादक)

| | | |
|---|---|---|
| 423<br>THE | The illustrated English dictionary/edited by H.G. | Landau, H.G. |
| | | (Rest as in the main entry) |

**********

# 8

# छद्मनाम लेखक
# (Pseudonymous Authors)

**छद्मनाम** किसी लेखक द्वारा अपने परिचय को छुपाने अथवा गोपनीय रखने के लिए अपनाया गया एक नाम हैं। अनेक व्यक्ति अपनी कृतियों को प्रकाशित करते समय अपने परिचय को छिपाने के लिए कोई अन्य नाम अपना लेते हैं अपनाये गए ये नाम लेखक के **छद्मनाम** कहलाते हैं। अनेक लेखक अपने छद्मनामों से अधिक विख्यात हुए हैं। उदाहरण –

| छद्मनाम | वास्तविक नाम |
|---|---|
| George Eliot | → Mary Ann Crossborn Evans |
| George Orwell | → Eric Arthur Blair |
| Mark Twain | → Samuel Langhorn Clemens |
| Prem Chand | → Dhanpati Rai |

**इस प्रकार किसी ग्रन्थकार द्वारा प्रयुक्त झूठ या काल्पनिक नाम अथवा अन्य कोई विशिष्ट नाम जो वास्तविक नाम से भिन्न हो छद्मनाम (कृत्रिम नाम) कहलाता है।** यह छद्मनाम दूसरे ग्रन्थकारों द्वारा किसी ग्रन्थकार को दिया हुआ हो सकता है अथवा वह स्वयं ग्रन्थकार द्वारा अपनाया जा सकता है। अतः छद्मनाम किसी ग्रन्थकार द्वारा अपनी पहचान गुप्त अथवा अस्पष्ट रखने हेतु अपनाया गया नाम होता है।

अनेक लेखक ऐसे भी हैं जो कभी वास्तविक नाम तथा कभी छद्म नाम से ग्रन्थ लिखते हैं। इसके साथ ही कुछ ऐसे भी हैं जो एक साथ कई नामों का उपयोग करते हैं। इसके अतिरिक्त कुछ ऐसे भी उदाहरण हैं जिनमें दो या अधिक लेखक संयुक्त रूप से एक छद्मनाम का उपयोग करते हैं। छद्मनाम को कृत्रिम नाम भी कहते हैं।

## छद्म नामों का चयन एवम् उपकल्पन (Choice and Rendering of Pseudonyms)

**8.1** यदि किसी लेखक की समस्त कृतियाँ एक ही छद्मनाम से लिखी गई हैं तथा सन्दर्भ स्रोतों में वह उसी नाम से पहचाना जाता है तो शीर्षक हेतु उसी छद्मनाम का ही वरण किया जाता है। यदि उचित समझा जाये जो वास्तविक नाम से छद्मनाम हेतु संदर्भ संलेख निर्मित किया जा सकता है। **[See Ex. 30]**

संदर्भ संलेख (वास्तविक नाम से छद्म नाम हेतु)

(a) Evens, Mary Ann Crossborn
*See* Eliot, George

(b) Clemens, Samuel Langhorn
*See* Twain, Mark

**8.2** किसी लेखक की अनेक कृतियाँ हैं जिन पर अलग-अलग छद्मनाम अंकित हैं तो उनमें से एक नाम को शीर्षक हेतु क्रमानुसार चयन किया जाता है जिससे वह प्रबल रूप से पहचाना जाता है। अन्य नामों से संदर्भ निर्मित किए जाते हैं। **[See Ex. 31]**

| प्रबलित नाम | अन्य छद्मनाम |
|---|---|
| Charlette Bronte | Currer Bell |

छद्म नाम से प्रबलित नाम का संदर्भ

Bell, Currer
*See* Bronte,Charlette

**8.3** यदि कोई लेखक किसी ग्रन्थ में वास्तविक नाम तथा किसी ग्रन्थ में छद्मनाम का उपयोग करता है तथा किसी भी एक नाम से अधिक विख्यात नहीं है तो प्रत्येक ग्रन्थ के लिए उसी नाम का चयन किया जायेगा जो उस ग्रन्थ पर अंकित है तथा नामों को एक दूसरे से सम्बद्ध करने हेतु सन्दर्भ संलेखों का निर्माण किया जाता हैं। **जैसे** John Creasey

कुछ ग्रन्थों में लिखा हुआ है जो वास्तविक नाम है तथा Gordon Ashe, Michael Halliday, J.J. Marric, Anthony Morton उसके छद्‌मनाम हैं जो उसके अपने कई ग्रन्थों में अंकित किए हैं। अत: ऐसे प्रकरण में उस नाम को शीर्षक के रूप में चयन किया जाता है जो जिस ग्रन्थ पर अंकित है। अन्य समस्त नामों को See also संदर्भों से सम्बद्ध किया जाता है। **उदाहरण** – **[See Ex. 33]**

Creasey, John
*See also*
Ashe, Gordon
Halliday, Michael
Marric, J.J.
Morton, Anthony

**8.4** यदि कोई लेखक किसी एक ही ग्रन्थ के विभिन्न संस्करणों में दो अलग-अलग नामों का उपयोग करता है तो नाम-आख्या संदर्भ संलेख निर्मित किए जाते हैं। **उदाहरण** –

Ashe, Gordon
The Croaker
*See* Creasey, John

Prem Chand
Short Stories
*See* Dhanpati Rai

**8.5** यदि दो या दो से अधिक लेखक मिलकर किसी एक छद्‌मनाम से किसी ग्रन्थ की रचना करते हैं तो शीर्षक हेतु उसी छद्‌मनाम का चयन एवम् वरण किया जाता है। वास्तविक नामों से छद्‌मनाम के लिए संदर्भ प्रस्तुत किए जाते हैं। जैसे –

Wade Miller, Bill Miller का Bob Wade संयोजित छद्‌मनाम है।

Ram Lal, Shyam Lal का Two Brothers संयोजित छद्‌मनाम है।

ऐसे प्रकरणों में संलेख छद्‌मनाम के अन्तर्गत निर्मित होगा तथा दोनों वास्तविक नामों से अलग-अलग इस नाम के प्रति संदर्भ संलेख निर्मित करना आवश्यक है।

| **सन्दर्भ संलेख** | **संदर्भ संलेख** |
|---|---|
| **(प्रथम नाम के प्रति)** | **(द्वितीय नाम के प्रति)** |
| Miller, Wade | Miller, Bill |
| *See* Wade, Bob. | *See* Wade, Bob |

**8.6** यदि दो या दो से अधिक लेखक किसी एक छद्मनाम का सयुंक्त रूप से उपयोग करते हैं तथा उनमें से प्रत्येक अपनी-अपनी एकाकी कृतियों में अपने वास्तविक नाम का उपयोग करते हैं जैसे– Ellery Queen, Frederic Danny ये दो नाम हैं जो दोनों एक संयोजित छद्मनाम Manfred Lee से लिखते हैं। इनमें से एक लेखक के अपने वास्तविक नाम के अन्तर्गत भी एकाकी कृतियाँ हैं तो ऐसे प्रकरणों में छद्मनाम से नाम-आख्या निर्देश उन व्यक्तियों के वास्तविक नामों के प्रति निर्मित किए जाते हैं। **उदाहरण** – **[See Ex. 36]**

| Lee, Manfred | Lee, Manfred |
|---|---|
| A Burmese loneliness | A Burmese loneliness |
| *See* Queen, Ellery | *See* Danny, Frederic |

Ex. 30 : (मुख-पृष्ठ पर लेखक का छद्मनाम दिया है)

**The Gift of Magi**

By
O. Henry

Illustrated by
Eric Blegvad

Hawthorn Books
New York
1972

---

**Other informations :**

| | | |
|---|---|---|
| Call No. | : | 813,52HEN (DDC) |
| | | O7,3M48,3 N72 (CC) |
| Acc. No. | : | 3011 |
| Pages | : | 329 |
| Size | : | 17 cm. |

1. There are few illustrations.
2. Author's name is ficticious and real name is William Sydney Porter. The author is predominantly known by his pseudonym.

## ग्रन्थात्मक विवरण का विश्लेषण

1. मुख-पृष्ठ साधारण है।
2. ग्रन्थ के लेखक का नाम छद्मनाम है लेकिन वह उसी नाम से अधिक लोकप्रिय है इसलिए जो नाम मुख-पृष्ठ पर अंकित है उसी नाम से मुख्य संलेख निर्मित की जायेगी।
3. ग्रन्थ के लेखक का वास्तविक नाम भी दिया गया है जो अन्य स्रोतों से ज्ञात हुआ है मुख-पृष्ठ से नहीं। इसलिए अलग से एक सन्दर्भ संलेख वास्तविक नाम हेतु निर्मित की जायेगी। **[देखें 8.1]**
4. एएसीआर-2 के नियम 21.30K2 के अनुसार सामान्यतया चित्रकार (Illustrator) के लिए इतर संलेख तभी निर्मित किए जाते हैं जबकि कोई एक शर्त पूरी होती है। यहाँ कोई शर्त पूरी नहीं हो रही है। इसलिए चित्रकार संलेख नहीं बनाई जायेगी। **[देखें 4.2 (ब)]**
5. अन्य कोई खास बात नहीं है।

## मुख्य संलेख

| | | |
|---|---|---|
| 813.52<br>HEN | Henry, O. | |
| | | The gift of magi/by O. Henry; illustrated by |
| | Eric Blegvad · – New York : Howthorn Books, 1972. | |
| | | 329p.: illus.; 17 cm. |
| 3011 | | 1. American-fiction I.Title |

## इतर संलेख (विषय)

| | | |
|---|---|---|
| 813.52<br>HEN | Henry,O. | AMERICAN-FICTION |
| | | The gift of magi/by O. Henry; illustrated by<br>(Rest as in the main entry) |

## इतर संलेख (आख्या)

| | | |
|---|---|---|
| 813.52<br>HEN | Henry,O. | The gift of magi |
| | | The gift of magi/by O. Henry; illustrated by<br>(Rest as in the main entry) |

## संदर्भ संलेख

| | | |
|---|---|---|
| | Porter, Willian Sydney | |
| | | *See*<br>Henry, O. |

**नोट** – ध्यान रहे यह इतर संलेख नहीं है इसलिए इसमें क्रामक अंक नहीं लिखा गया है।

Ex. 31 : (छद्मनाम लेखक)

**संग्राम**
**एक सामाजिक नाटक**

प्रेम चन्द्र

सरस्वती प्रेस
इलाहाबाद, बनारस
1956

---

**अन्य सूचनाएँ :**

क्रामक संख्या : 891.432 PRE

परिग्रहण संख्या : 69348

आकार : 16×10 सेमी.

पृष्ठ संख्या : x, 230

**Note-1** : Prem Chand is the Pseudonym of the author.

**Note-2** : The real name of the author is Dhanpati Rai.

**Note-3** : He has also written books by his name Nawabrai.

## ग्रन्थात्मक विवरण का विश्लेषण

1. चूँकि मुखपृष्ठ पर लेखक का लिखा हुआ नाम छद्मनाम है और इसी से वह अधिकांश रूप से जाना जाता है अतः यही नाम मुख्य संलेख हेतु चयन किया जायेगा। [देखें 8.2]

### मुख्य संलेख

| | | |
|---|---|---|
| 891.432<br>PRE | प्रेम चन्द्र | |
| 69348 | | संग्राम : एक सामाजिक नाटक/प्रेम चन्द्र . – इलाहाबाद : सरस्वती प्रेस, 1956.<br>x, 230 पृ.; 16×10 सेमी.<br>1. साहित्य 2. हिन्दी नाटक I. आख्या |

### इतर संलेख (विषय-1)

| | | |
|---|---|---|
| 891.432<br>PRE | प्रेम चन्द्र | साहित्य |
| | | संग्राम : एक सामाजिक नाटक/प्रेम चन्द्र . –<br>(शेष मुख्य संलेख की तरह) |

### इतर संलेख (विषय-2)

| | | |
|---|---|---|
| 891.432<br>PRE | प्रेम चन्द्र | हिन्दी-नाटक |
| | | संग्राम : एक सामाजिक नाटक/प्रेम चन्द्र . –<br>(शेष मुख्य संलेख की तरह) |

## इतर संलेख (आख्या)

| | | |
|---|---|---|
| 891.432<br>PRE | प्रेम चन्द्र | संग्राम |
| | | संग्राम : एक सामाजिक नाटक/प्रेम चन्द्र .–<br>(शेष मुख्य संलेख की तरह) |

**नोट** – ध्यान रहे आख्या संलेख में मात्र मुख्य आख्या ही अंकित की जाती है उपआख्या नहीं।

## सन्दर्भ संलेख (वास्तविक नाम से छद्म नाम)

| | | |
|---|---|---|
| | धनपति राय | |
| | | देखें<br>प्रेम चन्द्र |

## सन्दर्भ संलेख (छद्मनाम से छद्मनाम)

| | | |
|---|---|---|
| | नवाबराय | |
| | | देखें<br>प्रेम चन्द्र |

**नोट** – चूँकि एक तीसरा नाम भी छद्मनाम है जिससे भी लेखक ने ग्रन्थ लिखे हैं अतः इसके लिए भी सन्दर्भ संलेख निर्मित किया जायेगा।

Ex. 32 : (छद्म नाम लेखक)

**Jabberwocky and More Nonsense**

Lewis Carroll

Illustrated by
Simms Taback

Dell Publishing Co.
New York
1964

---

**Other informations :**

| | | |
|---|---|---|
| Call Number | : | 823.8 CAR |
| Acc. Number | : | 4069 |
| Pages | : | 69 |
| Size | : | 22 cm. |

1. There are much illustrations and some are in colour.
2. Lewis Carroll's real name is Charles Lutwidge Dodgson.

## ग्रन्थात्मक विवरण का विश्लेषण

1. अन्य सूचनाओं में दिया हुआ है कि लेखक का नाम छद्मनाम है उसका वास्तविक नाम Charles Lutwidge Dodgson है। इसलिए छद्मनाम से ही मुख्य संलेख निर्मित होगी।
2. ग्रन्थ में बहुत Illustratiosn भी हैं जिनमें से कुछ Coloured हैं। यह सूचना भी प्रस्तुत की जायेगी तथा चित्रकार के नाम से भी यहाँ संलेख बनाई जायेगी।
3. अन्य कोई खास बात नहीं है।

## मुख्य संलेख

| | | |
|---|---|---|
| 823.8<br>CAR | Carroll, Lewis | |
| 4069 | | Jabberwocky and more nonsence / Lewis Carroll ; illustrated by Simms Taback · – New York : Dell Publishing, 1964.<br>69p.; illus. (some col.) ; 22 cm.<br>1. English-Fiction I.Tabak, Simms II.Title<br>○ |

## इतर संलेख (विषय)

| | | |
|---|---|---|
| 823.8<br>CAR | | ENGLISH–FICTION<br>Carroll, Lewis |
| | | Jabberwocky and more nonsense/Lewis<br>(Rest as in the main entry) |

## इतर संलेख (आख्या)

| | | |
|---|---|---|
| 823.8<br>CAR | Carroll, Lewis | Jabberwocky and more nonsense |
| | | Jabberwocky and more nonsense/Lewis<br>(Rest as in the main entry) |

## चित्रकार संलेख

| | | |
|---|---|---|
| 823.8<br>CAR | Carroll, Lewis | Tabak, Simms |
| | | Jabberwoeky and more nonsense/Lewis<br>(Rest as in the main entry) |

**नोट** – चूँकि अत्यधिक संख्या में चित्र हैं तथा चित्रकार का नाम भी मुख-पृष्ठ पर दिया है इसलिए चित्रकार संलेख बनाई जा रही है।

## संदर्भ संलेख (वास्तविक नाम से छद्‌मनाम को)

| | | |
|---|---|---|
| | Dodgson, Charles Lutwidge | |
| | | *See*<br>Carroll, Lewis |

Ex.33 : (छद्मनाम लेखक जिसके अन्य छद्मनामों से भी ग्रन्थ हैं)

**Rip Van Winkle**

By
Geoffrey Crayon

Edited by
Herbert F. Smith

Drawings by
Arthur Rackham

AMS Press, New York
1973

---

**Other informations :**

| | | |
|---|---|---|
| Call No. | : | 813,2IRV (DDC) |
| Acc. No. | : | 6894 |
| Pages | : | xvi, 569 |
| Sizes | : | 22cm. |
| ISBN | : | 0-40403514-0 |

1. There are 16 coloured plated.
2. The name of the author is not real name but is a pseudonym of Washington Irving.
3. Washington Irving had written books by two other pseudonyms.

## ग्रन्थात्मक विवरण का विश्लेषण

1. ग्रन्थ की आख्या साधारण है।

2. ग्रन्थ के लेखक का नाम छद्मनाम है तथा उसका वास्तविक नाम Washington Irving है। यह बात अन्य सूचनाओं के अन्तर्गत दी गई है। इस लेखक ने अन्य छद्मनामों से भी ग्रन्थों की रचना की है लेकिन वह अपने वास्तविक नाम से अधिक प्रसिद्ध है।

   एएसीआर-2 के अनुसार यदि कोई लेखक कई छद्मनामों से ग्रन्थ लिखता है तो जिस नाम से वह अधिक प्रचलित है ग्रन्थ के शीर्षक हेतु उसी नाम का चयन किया जाता है। इसलिए ग्रन्थ का लेखक Washington Irving ही उपकल्पित किया जायेगा। **[See 8.3]**

   आख्या एवम् उत्तरदायित्व क्षेत्र में लेखक के वास्तविक नाम से पहले लेखक का छद्मनाम जो ग्रन्थ के मुखपृष्ठ पर अंकित है लिखा जायेगा तथा वास्तविक नाम बड़े कोष्ठक में i.e. शब्द लगाने के बाद अंकित किया जायेगा।

3. ग्रन्थ में 16 रंगीन प्लेट भी हैं जिनका उल्लेख पृष्ठादि विवरण में यथास्थान किया जायेगा।

4. ग्रन्थ का सम्पादक तथा Drawings तैयार करने वाले दोनों का उल्लेख उत्तरदायित्व क्षेत्र में किया जायेगा।

5. ISBN संख्या भी दी गई है उसका भी यथास्थान अंकन किया जायेगा।

6. लेखक के छद्मनाम से वास्तविक नाम हेतु एक संदर्भ संलेख भी प्रस्तुत किया जायेगा।

## मुख्य संलेख

| | | |
|---|---|---|
| 813.2<br>IRV | Irving, Washington | |
| 6894 | Rip van winkle/by Geoffrey Crayon [i.e. Washingtan Irving]; edited by Herbert F. Smith; drawings by Arthur Rackham · – New York : AMS Press, 1973.<br>xvi, 569p.; 16 colour plates ; 22 cm.<br>ISBN 0-40403514-0<br>1. American fiction I.Smith, Herbert II Rackhame Arthur III.Title | |

**नोट** : एएसीआर-2 के नियम 22.2C2 के अनुसार यदि किसी लेखक ने कई छद्मनामों से ग्रन्थ लिखें हैं (या वास्तविक नाम से या एक या अधिक छद्मनामों से) तो उनमें से एक नाम का चयन शीर्षक हेतु किया जाता है जिससे वह अधिक जाना जाता है। चूँकि यहाँ लेखक वास्तविक नाम से अधिक जाना जाता है। इसलिए मुख्य संलेख लेखक के वास्तविक नाम से बनाई गई है।

## इतर संलेख (विषय)

| | | |
|---|---|---|
| 813.2<br>IRV | AMERICAN FICTION<br>Irving, Washington | |
| | Rip van winkle/ by Geoffrey Crayon [i.e.<br>(Rest as in the main entry) | |

## इतर संलेख (आख्या)

| | | |
|---|---|---|
| 813.2<br>IRV | Irving, Washington | Rip van winkle |
| | | Rip van winkle/by Geoffrey Crayon [i.e.<br>(Rest as in the main entry) |

## इतर संलेख (सम्पादक)

| | | |
|---|---|---|
| 813.2<br>IRV | Irving, Washington | Smith, Herbert F. |
| | | Rip van winkle/by Geoffrey Crayon [i.e.<br>(Rest as in the main entry) |

**निर्देश** : चित्रकार संलेख तभी बनाया जाता है –

1. जब कि चित्रकार को लेखक के बराबर महत्व दिया गया हो
2. ग्रन्थ का आधा या आधे से अधिक भाग में चित्र हों।
3. चित्र उस ग्रन्थ का महत्वपूर्ण भाग समझे जाते हैं।

इस उदाहरण में ऐसी कोई स्थिति नहीं है अतः चित्रकार संलेख नहीं बनाई जायेगी। **[देखें 4.2. (ब)]**

## संदर्भ संलेख

| | | |
|---|---|---|
| | Grayon, Geoffrey | |
| | | *See*<br>Irving, Washington |

Ex. 34 : (छद्मनाम लेखक, वास्तविक नाम बाह्य स्रोत से प्राप्त)

**The adventures of Tom Sawyer**

By
Mark Twain
(Samuel Langhorne Clemens)

Introduction by
Louis B. Saloman

Dodd, Mead & Company
New York
1958

---

**Other informations :**

| | | |
|---|---|---|
| Call Number | : | O111, 3 M35, 2 N58 |
| | | 823.8 TWA |
| Acc. Number | : | 9252 |
| Pages & Size | : | ix, 607 ; 25 cm. |

1. There are some illustrations.
2. The date of birth of the author is 1835.
3. The real name of the author is **Samuel Langhorne Clemens.**
4. The work is also known with the title **Missispe River.**
5. The author is predominantly identified by his pseudonym.

## ग्रन्थात्मक विवरण का विश्लेषण

1. ग्रन्थ के क्रामक अंक एवम् आख्या में कोई विशेष बात नहीं है।
2. चूँकि लेखक छद्मनाम से ही अधिक प्रसिद्ध है इसलिए शीर्षक हेतु इसका ही वरण किया जायेगा।
3. लेखक की जन्म-वर्ष दी हुई है पर एएसीआर-2 के अनुसार जन्म-वर्ष को जोड़ा नहीं जाता है।
4. ग्रन्थ में लेखक के साथ ही Introductor भी है यह भी ध्यान रखना है। उत्तरदायित्व क्षेत्र में इसका उल्लेख किया जाता है पर इसके लिए अतिरिक्त संलेख नहीं बनाई जायेगी है क्योंकि यह उपयोक्ता के लिए महत्वपूर्ण नहीं होता है।
5. ग्रन्थ में कुछ चित्र (Illustrations) भी हैं।
6. ग्रन्थ से सम्बन्धित एक टिप्पणी भी है इसका भी उल्लेख करना है।

## मुख्य संलेख

| | |
|---|---|
| 823.8<br>TWA | Twain, Mark |
| 9252 | The adventures of Tom Sawyer/by Mark Twain; introduction by Louis B. Salomon · – New York: Dodd, Mead, 1958.<br>ix, 607p. : illus; 25 cm.<br>The work is also known with the title : Missispe River<br><br>1.English Fiction I.Title |

## अतिरिक्त संलेख (विषय)

| | | |
|---|---|---|
| 823.8<br>TWA | Twain, Mark | ENGLISH FICTION |
| | | The adventures of Tom Sawyer/by Mark<br>(Rest as in the main entry) |

## अतिरिक्त संलेख (आख्या)

| | | |
|---|---|---|
| 823.8<br>TWA | Twain, Mark | The adventures of Tom Sawyer |
| | | The adventures of Tom Sawyer/by Mark<br>(Rest as in the main entry) |

## सन्दर्भ संलेख (वास्तविक से छद्मनाम)

| | | |
|---|---|---|
| | Clemens, Samuel Langhorne | |
| | | *See*<br>Twain, Mark |

## सन्दर्भ संलेख (ग्रन्थ का दूसरा नाम)

| | | |
|---|---|---|
| | Massissipe River | |
| | | *See*<br>The adventures of Tom Sawyer |

Ex.35 : (छद्मनाम लेखक साथ में ग्रन्थमाला भी है)

**Signs and Silence**

Romi Agrawal

Translated by
Mark Jenson and T. Wishwanathan

Samrat Publications
Delhi
1992

---

**Other informations :**

| | | |
|---|---|---|
| Call Number | : | 891.43 ROM |
| Acc. Number | : | 6265 |
| Pages and Size | : | 153; 23 cm. |

1. Real Name of the author is Veer Bhagwan Chopra.
2. International Translation Series, No.5.
3. There are some ilustrations also.
4. The year is copyright year.

## ग्रन्थात्मक विवरण का विश्लेषण

1. ग्रन्थ का प्रसूचीकरण छद्म नाम के रूप में किया जायेगा।
2. ग्रन्थ की प्रकाशन वर्ष कापीराइट वर्ष है इसलिए c1992 लिखी जायेगी।
3. ग्रन्थ में कुछ चित्र (Illustrations) भी हैं।
4. ग्रन्थ में ग्रन्थमाला भी है।

## मुख्य संलेख

| | |
|---|---|
| 891.42<br>ROM | Agrawal, Romi |
| <br><br><br>6265 | Signs and silence/Romi Agrawal ; translated by Mark Jenson and T. Wishwanathan · – Delhi : Samrat Publications, c1992.<br>153 p.; illus ; 23 cm · – (International translations series, no.5)<br>1. Hindi-Stories I.Title II.Series<br>○ |

## इतर संलेख (विषय)

| | |
|---|---|
| 891.42<br>ROM | HINDI-STORIES<br>Agrawal, Romi |
| | Signs and silence/Romi Agrawal ; translated<br>(Rest as in the main entry) |

## इतर संलेख (आख्या)

| | | |
|---|---|---|
| 891.42<br>ROM | Agrawal, Romi | Sings and silence |
| | | Signs and silence/Romi Agrawal ; translated<br>(Rest as in the main entry) |

## इतर संलेख (अनुवादक)

इतर संलेख (अनुवादक) नहीं बनाई जायेगी क्योंकि मुख्य संलेख न तो आख्या से बनाई गई है और न समष्टि निकाय के द्वारा।

## इतर संलेख (ग्रन्थमाला)

| | | |
|---|---|---|
| 891.42<br>ROM | Agrawal, Romi | International translation series, no.5 |
| | | Signs and silence/Romi Agrawal ; translated<br>(Rest as in the main entry) |

## संदर्भ संलेख (वास्तविक नाम से छद्म नाम)

| | | |
|---|---|---|
| | Chopra, Veer Bhagwan | |
| | | *See*<br>Agrawal, Romi |

Ex. 36 : (दो लेखकों द्वारा एक छद्म नाम का उपयोग)

**The Leaves of Race**

By
Jacob Field

Asia Publishing House
New Delhi
1901

---

**Other Informations :**

| | | |
|---|---|---|
| Call Number | : | 822 FIE |
| Acc. Number | : | 2229 |
| Pages | : | xi, 309 |
| Size | : | 22 cm. |

1. The date of the birth of the author is 1860.
2. Jacob Field is a pseudonym of two persons Katherine H. Badley and Edith Emma Cooper, and both had written books by their real name also.
3. Date of publication is 1901.

## ग्रन्थात्मक विवरण का विश्लेषण

1. अन्य सूचनाओं में दिया गया है कि लेखक का नाम दो व्यक्तियों का छद्मनाम है। इसलिए नियम के अनुसार छद्मनाम का उपयोग शीर्षक हेतु उपकाल्पित किया जायेगा। [देखें 8.6]
2. लेखक की जन्म-तिथि अंकित नहीं की जाती है।
3. दो लेखकों का एक ही छद्मनाम है इसलिए दोनों के लिए सन्दर्भ संलेख निर्मित किए जायेंगे।

## मुख्य संलेख

| | | |
|---|---|---|
| 822<br>FIE | Field, Jacob | |
| 2229 | | The leaves of race/by Jacob Field · – New Delhi : Asia Publishing House, 1901.<br>xi, 309 p.; 22cm.<br>1. English-Fiction I.Title |

## इतर संलेख (विषय)

| | | |
|---|---|---|
| 822<br>FIE | Field, Jacob | ENGLISH-FICTION |
| | | (Rest as in the main entry) |

## इतर संलेख (आख्या)

| | | |
|---|---|---|
| 822<br>FIE | Field, Jacob | The leaves of race |
| | | (Rest as in the main entry) |

## सन्दर्भ संलेख (प्रथम वास्तविक नाम से छद्मनाम)

| | | |
|---|---|---|
| | Badley, Katherine H. | |
| | | *See*<br>Field, Jacob |

## सन्दर्भ संलेख (द्वितीय वास्तविक नाम से छद्मनाम)

| | | |
|---|---|---|
| | Cooper, Edith Emma | |
| | | *See*<br>Field, Jacob |

**********

# 9

# बहुखण्डीय ग्रन्थ
# (Multivolumed Books)

सामान्यतया ग्रन्थ एक ही खण्ड में प्रकाशित होते हैं लेकिन ऐसे अनेक कारण हैं जिससे लेखक के विचार एक ही खण्ड में समायोजित नहीं किये जा सकते हैं अतः ऐसे मामलों में ग्रन्थ कई खण्डों में प्रकाशित किए जाते हैं। इसका प्रमुख कारण लेखक द्वारा ग्रन्थ के अंशों को धीरे-धीरे सोच समझकर लिखना तथा उन्हें समय के हिसाब से देरी होने से बचाना होता है। इस प्रकार के ग्रन्थों को **बहुखण्डीय ग्रन्थ** कहते हैं। इससे ग्रन्थों में लेखक के विचारों, विषय, आकार-प्रकार, रचना आदि की एकता एवम् निरन्तरता बनी रहती है तथा साथ ही सभी खण्डों की एक समान आख्या होती है। एक समान आख्या के अतिरिक्त विभिन्न खण्डों की अपनी-अपनी अलग आख्याएँ भी होती हैं।

बहुखण्डीय ग्रन्थ कई प्रकार से प्रकाशित हो सकते हैं जैसे –

(क) सभी खण्डों की एक ही आख्या होती है।

(ख) सभी खण्डों की एक समान आख्या के साथ-साथ सभी खण्डों की अलग-अलग अपनी आख्याएँ भी होती हैं।

(ग) सभी खण्डों की पृष्ठ संख्या निरन्तर हो सकती है तथा प्रत्येक खण्ड की पृष्ठ संख्या अलग-अलग भी हो सकती है।

(घ) सभी खण्डों का एक ही प्रकाशन वर्ष अथवा अलग-अलग प्रकाशन वर्ष हो सकते हैं।

बहुखण्डीय ग्रन्थ, आख्या के आधार पर दो प्रकार के हो सकते है।

## 9.1 सरल बहुखण्डीय ग्रन्थ (Simple Multivolumed Books)

ये वे कई खंड वाले ग्रन्थ होते हैं जिनके सभी खण्डों की एक ही समान आख्या होती है तथा प्रत्येक खण्ड पर अलग-अलग उनकी खण्ड संख्या लिखी होती है। **उदाहरण** –

Indian History and Culture (3 Volumes)
by
Hanumanth Rao

**चयन एवम् उपकल्पन** – साधारण बहुखण्डीय ग्रन्थों के शीर्षक के चयन के सम्बन्ध में नियम यह है कि ये ग्रन्थ सामान्य ग्रन्थ की तरह ही प्रविष्ट किये जाते हैं। केवल अन्तर यह है कि खण्डों की संख्या मुख्य संलेख के पृष्ठांकन क्षेत्र से पूर्व लिखी जाती है। **उदाहरण** –

```
          Rao, Hanumanth
               Indian history and culture/by Hanumanth Rao
          · – Madras : Penguin Publications, 1987
               3v (xi, 370p); 23 cm.
```

**स्पष्टीकरण** – यह ग्रन्थ तीन खण्डों में था और तीनों की एक समान आख्या है तथा प्रत्येक खण्ड पर अलग-अलग खण्ड-1, खण्ड-2 तथा खण्ड-3 अंकित हैं। इसलिए उनका प्रसूचीकरण एक साधारण ग्रन्थ की तरह ही किया गया है मात्र पृष्ठांकन क्षेत्र से पूर्व 3v अर्थात कुल खण्डों की संख्या लिखी गई है।

यदि प्रकाशित खण्डों की संख्या उनकी भौतिक संख्या से भिन्न हो तो प्रकाशित खण्डों की संख्या लिखने के पश्चात् in पद लिखकर ग्रन्थ के भौतिक खण्डों की संख्या लिखते हैं। **जैसे** –

8v in 5

11v in 8

## 9.2 जटिल बहुखण्डीय ग्रन्थ (Complex Multivolumed Books)

ये वे बहुखण्डीय ग्रन्थ होते हैं जिन सभी की एक सामान्य आख्या के साथ-साथ सभी खण्डों की भी अलग-अलग आख्याएँ होती हैं तथा प्रत्येक खण्ड के अलग-अलग लेखक, सम्पादक, पृष्ठ संख्या अथवा प्रकाशन वर्ष हो सकते हैं। **उदाहरण** –

Indian History and Culture
(3 Volumes)
by
Hanumanth Rao

Vol 1 : Ancient Indian History and Culture by R.K. Sharma
Vol 2 : Medieval Indian Histroy and Culture by S.K. Singh
Vol 3 : Modern Indian History and Culture edited by B.Swarup

जटिल बहुखण्डीय ग्रन्थों के प्रसूचीकरण में निम्न तत्वों पर अन्तर आता है –

### 9.2.1 आख्या (Title)

**(अ) प्रत्येक खण्ड की अलग-अलग आख्याओं के साथ एक सामान्य आख्या हाने पर।**

यदि ग्रन्थ बहुखण्डीय है और प्रत्येक खण्ड की अलग-अलग आख्याओं के साथ-साथ सभी खण्डों की एक समान आख्या भी हो तो मुख्य संलेख हेतु समान आख्या का चयन किया जाता है और प्रत्येक खण्ड की आख्याओं को क्रमानुसार टिप्पणी क्षेत्र में Contents के अन्तर्गत अंकित करते हैं तथा समस्त खण्डों की अलग-अलग आख्या के लिए अतिरिक्त संलेख निर्मित की जाती हैं।

**(ब) प्रत्येक खण्ड की अलग-अलग आख्याएँ (सामान्य आख्या न होने पर)।**

यदि किसी ग्रन्थ के दो या दो से अधिक खण्ड हैं और उनकी आख्याएँ अलग-अलग हैं तो सम्पूर्ण खण्ड के मुख्य संलेख हेतु प्रथम खण्ड की आख्या का वरण किया जाता है। परन्तु यदि कोई और आख्या जो बाद के खण्डों में अंकित हो और पूर्व की आख्या से श्रेष्ठ हो तो सम्पूर्ण ग्रन्थ हेतु बाद वाली आख्या का वरण करते हैं। अन्य शेष खण्डों की आख्याओं को टिप्पणी क्षेत्र में Contents के अन्तर्गत अंकित करते हैं तथा समस्त खण्डों की अलग-अलग आख्या के लिए आतिरिक्त संलेख निर्मित की जाती हैं।

**टिप्पणी क्षेत्र हेतु** – यदि सभी खण्डों की अलग-अलग आख्याएँ हैं तो **एएसीआर**-2 के **नियम 1.7 B18** के अनुसार Contents के अन्तर्गत प्रत्येक खण्ड संख्या लिखकर सम्बन्धित खण्ड की आख्या अंकित करते हैं। प्रथम

खण्ड के लिए v.1 लिखते हैं तथा प्रत्येक आख्या के पश्चात हायफन (–) लगाकर अगले खण्डों के लिए मात्र v लिखते हैं। **उदाहरण** –

Contents : v.1 Plane tales from the hills– v.2 Soldiers and military tales– v.3 Black and white-v.4 The rickshaw and other stories

### 9.2.2 पृष्ठांकन (Pagination)

**(अ)** यदि सभी खण्डों के पृष्ठों की संख्या निरन्तर हो तो वृत्ताकार कोष्ठक में पृष्ठों की संख्या लिखते हैं तथा केवल प्रथम खण्ड के ही प्रारम्भिक पृष्ठ लिखे जाते हैं। अन्य खण्डों के प्रारम्भिक पृष्ठों को छोड़ दिया जाता है। **उदाहरण** –

3v (xxii, 690p.)

**(ब)** यदि प्रत्येक खण्ड की पृष्ठ संख्या निरन्तर न होकर अलग-अलग है तो वृत्ताकार कोष्ठक में प्रत्येक खण्ड की पृष्ठ संख्या सेमीकोलन (;) लगाकर अलग-अलग लिखते हैं। **उदाहरण** –

4v (xi, 206; xxv, 390; xxxi, 260p.)

### 9.2.3 खण्डों का आकार (Size of Volumes)

यदि खण्डों के आकार में परिवर्तन हो तो एएसीआर-2 के **नियम 2. 5D3** के अनुसार पृष्ठों के विवरण के क्षेत्र के पश्चात् सेमीकोलन लगाकर सबसे छोटे एवम् सबसे बड़े खण्ड का आकार अंकित करते हैं तथा दोनों के बीच में हायफन लगाते हैं। **उदाहरण**–

4v (xi, 206 xxi, 390 ; xxxi, 360p.) ; 22-26cm.

### 9.2.4 प्रकाशन वर्ष (Publication Year)

यदि किसी ग्रन्थ के खण्ड अलग-अलग वर्षों में प्रकाशित हुए हैं तो ऐसे मामलों में प्रथम खण्ड का प्रकाशन वर्ष पहले लिखते हैं। हायफन लगाकर अन्तिम खण्ड का प्रकाशन वर्ष लिखते हैं। [उदाहरण : 1967–70] यदि पूरा खण्ड अभी प्रकाशित नहीं हुआ है तो भविष्य के लिए खाली छोड़े देते हैं जैसे 1967-

Ex. 37 : (सरल बहुखण्डीय ग्रन्थ जिसकी एक ही सामान्य आख्या)

**Modern Electrochemistry**
**An Introduction to an Interdisciplinary Area**

John O'M Bockris
and
Amulya K.N. Reddy

A Plenum/ Resetta Edition
1973

---

**Other informations :**

| | | |
|---|---|---|
| Call Number | : | 541.37 BOC in DDC |
| Acc. Number | : | 18156-18157 |
| Size | : | 24 cm. |

1. Published by Plenum Publication, New York.
2. The book is in two volumes

| | | |
|---|---|---|
| The Pages | : | V1 – xxxii, 622 |
| | | V2 – xxxii, 623-1432 |

## ग्रन्थात्मक विवरण का विश्लेषण

1. ग्रन्थ दो खण्डीय है लेकिन दोनों की आख्या एक ही है इसलिए सरल बहुखण्डीय ग्रन्थ की तरह प्रसूचीकरण किया जायेगा।
2. ग्रन्थ की क्रामक संख्या 514.37 BOC दी हुई है।
3. ग्रन्थ की आख्या के साथ-साथ उप आख्या भी दी गई है।
4. ग्रन्थ में मात्र पृष्ठ संख्या से सम्बन्धित समस्या है। दोनों खण्डों के प्रारम्भिक पृष्ठ दिये गये हैं तथा बाद के पृष्ठ निरन्तर हैं इसलिए एएसीआर-2 के अनुसार (**नियम 2.5 B20**) पृष्ठों का अंकन निम्न प्रकार किया जायेगा। **[देखें 9.2.2(अ)]**

2v. (xxxii, 1432p.)

## मुख्य संलेख

| | | |
|---|---|---|
| 541.37<br>BOC | Bockris, John O'M | |
| 18156,18157 | | Modern electrochemistry : an introduction to an interdisciplinary area/John O'M Bockris and Amulya K.N. Reddy · – A plenum/Rosetta ed · – New York : Plenum Publication, 1973.<br>2v. (xxxii, 1432p.); 24 cm.<br>1. Electrochemistry I. Reddy, Amulya K.N. II.Title<br>○ |

## इतर संलेख (विषय)

| | | |
|---|---|---|
| 541.37<br>BOC | Bockris, John O'M | ELECTROCHEMISTRY |
| | | (Rest as in the main Entry ) |

## इतर संलेख (सहलेखक)

| | | |
|---|---|---|
| 541.37<br>BOC | Bockris, John O'M | Reddy, Amulya K.N. |
| | | (Rest as in the main Entry ) |

## इतर संलेख (आख्या)

| | | |
|---|---|---|
| 541.37<br>BOC | Bockris, John O'M | Modern electrochemistry |
| | | (Rest as in the main Entry ) |

**नोट** – आख्या इतर संलेख बनाने में मात्र मुख्य आख्या ही अंकित की जाती है उप-आख्या नहीं की जाती है।

**Ex.38 : (सरल बहुखण्डीय ग्रन्थ : 3 खण्डों में प्रकाशित जिसमें खण्ड-2 ग्रन्थालय में उपलब्ध नहीं है)**

**History of freedom movement in India**

(In 3 Volumes)

By

Ram Nath

Ex. Professor of Rajasthan University

Jaipur (India)

Edited by

Dr. A.P. Mathur

Ex. V.C. of Agra University

Agra

Ram Prasad & Sons

Hospital Road, Agra

---

**Other informations :**

| | | |
|---|---|---|
| Call Number | : | 954 RAM (In DDC) |
| Acc. Numbers | : | 8601–8602 |
| Pages | : | xxi, 210 (Vol-1) |
| | | xi, 211- 425 (Vol-2) |
| | | xxx, 425-690 (Vol-3) |
| Size | : | 24 cm. |

1. The volume 2 is not available in the library.
2. Date of publication of the volumes respectively are 1961, 1967 and 1972.
3. The book is published commonly under Modern History of India Series.

## ग्रन्थात्मक विवरण का विश्लेषण

1. चूँकि ग्रन्थ 3 खण्डों में प्रकाशित है लेकिन तीनों खण्डों की एक ही सामान्य आख्या है इसलिए यह सरल बहुखण्डीय ग्रन्थ है और उसी के अनुसार उसका प्रसूचीकरण किया जायेगा।
2. ग्रन्थ के लेखक के साथ-साथ ग्रन्थ का सम्पादक भी है यह भी ध्यान रखना है।
3. ग्रन्थ के तीन खण्डों में से खण्ड-2 ग्रन्थालय में उपलब्ध नहीं है। यह सूचना भी टिप्पणी क्षेत्र में अंकित की जायेगी।
4. ग्रन्थ के तीनों खण्डों के प्रकाशन वर्ष क्रमशः 1961, 1967 तथा 1972 हैं इसलिए नियम के अनुसार प्रथम खण्ड एवम् अन्तिम खण्ड के प्रकाशन वर्ष लिखे जायेंगे [1961-1972) **[देखें इसी अध्याय में 9.2.4]**
5. ग्रन्थ की ग्रन्थमाला Modern history of India series भी है।
6. पृष्ठ संख्या निरन्तर है प्रारम्भिक पृष्ठों में प्रत्येक खण्ड में अलग-अलग संख्याएँ है इसलिए प्रारम्भिक पृष्ठ तो प्रथम खण्ड के तथा अन्य सभी को जोड़कर कुल पृष्ठ लिखे जायेंगे।**[देखें इसी अध्याय में 9.2.2**(अ)**]**

## मुख्य संलेख

| 954<br>RAM | Ram | Nath |
|---|---|---|
| | | History of freedom movement in India/by Ram |
| | Nath; | edited by A.P. Mathur · – Agra : Ram Prasad |
| | ; 196 | 1-1972. |
| 8601,8602 | | 3v.(xxi, 690) ; 24 cm · – (Modern history of |
| | India | series) |
| | | Library has v.1 and 3 only |
| | | 1. India History 2. Freedom movement– |
| | India | I. Mathur, A.P. II.Title III.Series. |

## इतर संलेख (विषय-1)

| | | |
|---|---|---|
| 954<br>RAM | Ram | INDIA-HISTORY.<br>Nath |
| | | History of freedom movement in India/by<br>(Rest as in the main entry) |

नोट – ध्यान रहे विषय दीर्घ अक्षरों (Capitals) में लिखे जाते हैं।

## इतर संलेख (विषय-2)

| | | |
|---|---|---|
| 954<br>RAM | Ram | FREEDOM MOVEMENT-INDIA<br>Nath |
| | | History of freedom movement in India/by<br>(Rest as in the main entry) |

## इतर संलेख (सम्पादक)

| | | |
|---|---|---|
| 954<br>RAM | Ram | Mathur, A.P.<br>Nath |
| | | History of freedom movement in India/by<br>(Rest as in the main entry) |

## इतर संलेख (आख्या)

| | | |
|---|---|---|
| 954<br>RAM | Ram | History of freedom movement in India<br>Nath |
| | | History of freedom movement in India/by<br>(Rest as in the main entry) |

## इतर संलेख (ग्रंथमाला)

| | | |
|---|---|---|
| 954<br>RAM | Ram | Modern history of India series<br>Nath |
| | | History of freedom movement in India/by<br>(Rest as in the main entry) |

Ex. 39 : (सरल बहुखण्डीय ग्रन्थ, साथ में अप्राप्त खण्ड की सूचना भी दी गई है)

**History of the Great Civil War**
(1642-1649)

By
H.M. Saxena
R.P.Kulshrestha

Second Completely Revised Edition
in 4 Volumes

Longman & Co.
Lodon
1950

---

**Other informations :**

| | | |
|---|---|---|
| Call Number | : | V56.5 'K49 ← K42    D4.1, D4.3 |
| Acc. Number | : | 6530-31 |
| Size | : | 22 cm. |

Note : All the volumes have been published but the volume 2 and 4 are not available in the library.

## ग्रन्थात्मक विवरण का विश्लेषण

1. ग्रन्थ सरल बहुखण्डीय ग्रन्थ है जिसके 4 खण्ड हैं।
2. ग्रन्थ की क्रामक संख्या कोलन अंकन में दी गई है इसलिए वही अंकित की जायेगी।
3. ग्रन्थ की आख्या में कोई विशेष बात नहीं है।
4. ग्रन्थ के मुखपृष्ठ पर लेखकों के नाम के मध्य and शब्द नहीं लगा हुआ है इसलिए उत्तरदायित्व क्षेत्र में यह बड़े कोष्ठक में लिखा जायेगा।

## मुख्य संलेख

| | | |
|---|---|---|
| V56'K49←K42 | | |
| D4.1, D4.3 | Saxena, H.M. | |
| | | History of the great civil war (1642-1649) /by H.M. Saxena [and] R.P. Kulshrestha · – 2nd rev ed · – London : Longman, 1950. |
| 6530–31 | | 4v, 22 cm. |
| | | Library has v.1 and 3 only |
| | | 1. Great Britain - History 2. Civil war– Great Britain I.Kulshrath, R.P. II.Title |
| | | ○ |

## इतर संलेख (विषय)

| | | |
|---|---|---|
| V56'K49←K42 | | GREAT BRITAIN-HISTORY |
| D4.1, D4.3 | Saxena, H.M. | |
| | | (Rest as in the main entry) |

## इतर संलेख (विषय)

| | | |
|---|---|---|
| V56'K49←K42<br>D4.1,D4.3 | Saxena, H.M. | CIVIL WAR - GREAT BRITAIN |
| | | (Rest as in the main entry) |

## इतर संलेख (सहलेखक)

| | | |
|---|---|---|
| V56'K49←K42<br>D4.1,D4.3 | Saxena, H.M. | Kulshrestha, R.P. |
| | | (Rest as in the main entry) |

## इतर संलेख (आख्या)

| | | |
|---|---|---|
| V56'K49←K42<br>D4.1,D4.3 | Sacena, H.M. | History of the great civil war (1642–1649) |
| | | (Rest as in the main entry) |

**Ex. 40 : (ग्रन्थ दो खण्डों में है जिसकी एक सामान्य आख्या है तथा साथ ही खण्ड-2 की अलग आख्या भी है। इसलिए ग्रन्थ जटिल बहुखण्डीय है)**

**AN OUTLINE OF STATISTICAL THEORY**

(Probability and Probability Distribution)
(Volume-1)

A.M. Goon
M.R. Gupta
B. Dasgupta

The World Press Private Limited
Calcutta, 1985

---

**Other informations :**

| | | |
|---|---|---|
| Call No. | : | 310 GOO (DDC) |
| | | B 28 M85 (CC) |
| Acc. No. | : | 15490–91 |
| Pages | : | xiv, 516; xv,551 |
| Size | : | 24 cm. |

1. ग्रन्थ दो खण्डों में है जिसकी एक सामान्य आख्या **An outline of statistical theory** है।
2. खण्ड-2 की अपनी अलग आख्या **Statistical Inference** है जो 1987 में प्रकाशित हुआ था।

## ग्रन्थात्मक विवरण की व्याख्या

1. दो खण्डीय ग्रन्थ है जिनकी एक सामान्य आख्या के साथ-साथ दोनों की अलग-अलग आख्या भी हैं। इसलिए इनका प्रसूचीकरण जटिल बहुखण्डीय ग्रन्थ की तरह किया जायेगा।
2. ग्रन्थ के तीन लेखक हैं लेकिन किसी को भी महत्ता प्रदान नहीं की गई है इसलिए मुख्य संलेख लेखक के नाम के अन्तर्गत बनाई जायेगी।
3. दोनों खण्डों की प्रकाशन वर्ष अलग-अलग हैं इसलिए उनका अंकन **नियम 2.5B 21** के अनुसार इस प्रकार किया गया जायेगा–

   1985–1987 **[देखें इसी अध्याय में 9.2.4]**
4. दोनों खण्डों की पृष्ठ संख्या भी अलग-अलग है इसलिए उनका अंकन निम्न प्रकार किया जायेगा – 2v.(xiv, 516; xv, 551 p.)

   **[देखे इसी अध्याय में 9.2.2]**
5. दो अन्य लेखकों के नाम से इतर संलेख बनाई जायेंगी।

## मुख्य संलेख

| | |
|---|---|
| 310<br>GOO | Goon, A.M. |
| 15490–91 | An outline of statistical theory / A.M. Goon, M.R. Gupta [and ] B. Dasgupta . – Calculta: World Press, 1985–1987.<br>2v.(xiv, 516; xv, 551 p.)<br>Contents : v.1 Probability and probability distribution – v.2 statistical inference<br>1.Statistics I.Gupta,M.R. II.Dasgupta, B. III.Title |

## इतर संलेख (विषय)

| | | |
|---|---|---|
| 310<br>GOO | Goon | STATISTICS<br>, A.M. |
| | | An outline of statistical theory/A.M.Goon<br>(Rest as in the main entry) |

## इतर संलेख–द्वितीय लेखक

| | | |
|---|---|---|
| 310<br>GOO | Goon | Gupta, M.R.<br>, A.M. |
| | | An outline of statistical theory/A.M.Goon<br>(Rest as in the main entry) |

## इतर संलेख–तृतीय लेखक

| | | |
|---|---|---|
| 310<br>GOO | Goon | Dasgupta, B.<br>, A.M. |
| | | An outline of statistical theory/A.M.Goon<br>(Rest as in the main entry) |

## इतर संलेख (आख्या)

| | | |
|---|---|---|
| 310<br>GOO | Goon | An outline of statistical theory<br>, A.M. |
| | | An outline of statistical theory/A.M.Goon<br>(Rest as in the main entry) |

## Ex.41 : (जटिल बहुखण्डीय ग्रन्थ)

**Information Work with Unpublished Reports**
**(In two volumes)**

Edited by
D.J. Campbell

Work in Large Information Centres
(Volume-1)

by
A.J. Holloway, Elizabeth Rider
and
Domenic Frecilo

Work in Company based Information Units
(Volume-2)

by
B. Yates
Andre Deutsch

The Institute of Information Scientists, London.
1971

---

**Other informations :**

| | | |
|---|---|---|
| Call Number | : | 2:97 L6.1 |
| Acc. Number | : | 84321 |
| Pages | : | xii, 320 |
| Size | : | 23 cm. |

1. Volume-2 is not available in the library.

## ग्रन्थात्मक विवरण का विश्लेषण

1. चूँकि ग्रन्थ का कोई लेखक नहीं है लेकिन सम्पादक है। इसलिए नियम के अनुसार ग्रन्थ आख्या के अन्तर्गत प्रविष्ट किया जायेगा।
2. चूँकि ग्रन्थ के दो खण्ड हैं और दोनों की अलग-अलग आख्याएँ भी हैं तथा प्रथम खण्ड के तीन लेखक हैं उनका उल्लेख प्रथम खण्ड की टिप्पणी क्षेत्र में उत्तरदायित्व में अवश्य किया जायेगा।
3. द्वितीय खण्ड के भी दो लेखक हैं इसलिए इनका उल्लेख भी टिप्पणी क्षेत्र में उत्तरदायित्व में अवश्य किया जायेगा।
4. चूँकि खण्ड-2 ग्रन्थालय में उपलब्ध नहीं है इसलिए उससे सम्बन्धित आख्या एवम् लेखकों की कोई इतर संलेख नहीं बनाई जायेगी अतः उनका उल्लेख संकेतन में भी नहीं किया जायेगा।

## मुख्य संलेख

| | |
|---|---|
| 2:97<br>L6.1 | Information work with unpublished reports/edited by D.J. Campbell . – London : The Institute of Information Scientists, 1971.<br>2v. (xii, 320p.); 23 cm.<br>Contents : v.1 work in large information centres/ by A.J. Holloway, Elizabeth Rider and Domenic Frecilo . – v.2 Work in company based information units/by B. Yates [and] Andre Deutsch<br>v.2 not in library<br>1. Library science 2.Documentation–Library science I.Campbell, D.J. II.Holloway, A.J., work. III.Rider, Elizabeth, work IV.Frecilo, Domenic, work V.Title : work in large information centres. |

## इतर संलेख (विषय-1)

| | | |
|---|---|---|
| 2:97<br>L6.1 | | LIBRARY SCIENCE.<br>Information work with unpublished reports/edited |
| | | (Rest as in the main entry) |

## इतर संलेख (विषय-2)

| | | |
|---|---|---|
| 2:97<br>L6.1 | | DOCUMENTATION-LIBRARY SCIENCE<br>Information work with unpublished reports/edited |
| | | (Rest as in the main entry) |

## इतर संलेख (सम्पादक)

| | | |
|---|---|---|
| 2:97<br>L6.1 | | Campbell, D.J., ed.<br>Information work with unpublished reports/edited |
| | | (Rest as in the main entry) |

## इतर संलेख (प्रथम लेखक (खण्ड-1))

| | | |
|---|---|---|
| 2:97<br>L6.1 | | Holloway, A.J.<br>Work in large information centres, v.1<br>Information work with unpublished reports/edited |
| | | (Rest as in the main entry) |

## इतर संलेख (द्वितीय लेखक (खण्ड-1))

| | | |
|---|---|---|
| 2:97<br>L6.1 | | Rider, Elizabeth<br>Work in large information centres, v.1<br>Information work with unpublished reports / edited |
| | | (Rest as in the main entry) |

## अतिरिक्त संलेख (तृतीय लेखक (खण्ड-1))

| | | |
|---|---|---|
| 2:97<br>L6.1 | | Frecilo, Domenic<br>Work in large information centres, v.1<br>Information work with unpublished reports/edited |
| | | (Rest as in the main entry) |

## इतर संलेख (विशिष्ट आख्या (खण्ड-1))

| | | |
|---|---|---|
| 2:97<br>L6.1 | | Work in large information centres, v.1<br>Holloway, A.J.<br>Information work with unpublished reports /edited |
| | | (Rest as in the main entry) |

Ex. 42 : (जटिल बहुखण्डीय ग्रन्थ प्रत्येक खण्ड की अपनी विशिष्ट आख्या है तथा प्रथम खण्ड का सम्पादक भी है)

**Histroy of Science**

(In 3 volumes)

By
Louis Jacob
Oswald Nicolson

Translated by
William Charles

The Clerandon Press
London/Washington
1977

Volume 1: Early science edited by Prof. John Milton.
Volume 2: Scientific and industrial revolution.
Volume 3 : Twentieth century science.

---

**Other informations :**

| | | |
|---|---|---|
| Call Number | : | 509 JAC (IN DDC) |
| Acc. Number | : | 56305, 56306, 56307 |
| Size | : | 24×18 cm. |
| Pages | : | Vol 1 (xi, 306) |
| | | Vol 2 (x, 369) |
| | | Vol 3 (ix, 296) |

**Note** : The library does not have volume 3.

**HTP** : The book is published under Natural Science Series at number 4.

## ग्रन्थात्मक विवरण का विश्लेषण

1. ग्रन्थ 3 खण्डों में प्रकाशित हुआ है। ग्रन्थ की एक सामान्य आख्या के साथ-साथ तीनों खण्डों की अलग-अलग आख्याएँ भी हैं। इसलिए ग्रन्थ जटिल बहुखण्डीय ग्रन्थ है और उसी के नियमों के अनुसार उसका प्रसूचीकरण किया जायेगा।
2. ग्रन्थ के लेखक के साथ-साथ अनुवादक भी है।
3. ग्रन्थालय में खण्ड-3 उपलब्ध नहीं है।
4. तीनों खण्डों की पृष्ठ संख्या अलग-अलग है।
5. ग्रन्थ की ग्रन्थमाला भी दी गई है।
6. सर्वाधिक मुख्य बात इसमें पृष्ठों से सम्बन्धित है क्योंकि तीनों खण्डों की पृष्ठ संख्या निरन्तर न होकर अलग-अलग है अतः इसका अंकन एएसीआर-2 के नियम 2.5B21 के अनुसार निम्न प्रकार किया जायेगा।

3v (xi, 306; x, 369; ix, 296p.)

## मुख्य संलेख

| | |
|---|---|
| 509<br>JAC | Jacob, Louis |
| 563050-6 | History of science / by Louis Jacob [and] Oswald Nicolson; translated by William Charles · – London : The Clerandon Press, 1977.<br>3v (xi,306; x,369; ix,296 p.); 24 cm · –<br>(National science series, no.4)<br>Contents : v.1 Earty science/edited by John Milton – v.2 Scientific and industrial revolution – v.3 Twentieth century science.<br>*continued on the next card* |

**नोट** – जब कभी सम्पूर्ण विवरण एक कार्ड पर व्यवस्थित नहीं हो पाता है तब शेष विवरण को द्वितीय कार्ड पर अंकित करते हैं पर इसके उपयोग करने के कुछ नियम हैं। प्रथम कार्ड के सबसे नीचे *Continued on the next* *card* टेडे अक्षरों (Italics) में लिखना पड़ता है तथा द्वितीय कार्ड के सबसे ऊपर दायें भाग में **continued 1** लिखना पड़ता है तथा द्वितीय कार्ड के शीर्षक रेखा पर क्रामक अंक तथा मुख्य शीर्षक लिखते हैं।

| | | |
|---|---|---|
| 509<br>JAC | Jacob, Louis. | *Continued1* |
| | Library has v.1 and v.2 only<br>1. Science – History I.Nicolson, Oswald II.Title : Early science III.Title : Scientific and industrial revolution IV.Milton, John, ed.: Early science V.Title VI. Series | |

**नोट** – चूँकि v.3 ग्रन्थालय में उपलब्ध नहीं है इसलिए संकेतन में इसका कोई उल्लेख नहीं होगा।

## इतर संलेख (विषय)

| | | |
|---|---|---|
| 509<br>JAC | Jacob, Louis. | SCIENCE–HISTORY. |
| | | (Rest as in the m]ain entry). |

## इतर संलेख (सहलेखक)

| | | |
|---|---|---|
| 509<br>JAC | Jacob, Louis. | Nicolson, Oswald |
| | | (Rest as in the main entry). |

## इतर संलेख (विशिष्ट शीर्षक-1)

| | | |
|---|---|---|
| 509 | | Early Science, v.1 |
| JAC | Jacob, Louis. | |
| | | (Rest as in the main entry). |

## इतर संलेख (विशिष्ट शीर्षक-2)

| | | |
|---|---|---|
| 509 | | Scientific and industrial resolution, v.2 |
| JAC | Jacob, Louis. | |
| | | (Rest as in the main entry). |

## इतर संलेख (सम्पादक)

| | | |
|---|---|---|
| | | Milton, John |
| 509 | | Early Science, v.1 |
| JAC | Jacob, Louis. | |
| | | (Rest as in the main entry). |

## इतर संलेख (मुख्य आख्या)

| | | |
|---|---|---|
| 509<br>JAC | Jacob, Louis. | History of Science. |
| | | (Rest as in the main entry). |

## इतर संलेख (ग्रन्थमाला)

| | | |
|---|---|---|
| 509<br>JAC | Jacob, Louis. | National science series, no. 4 |
| | | (Rest as in the main entry). |

**********

# 10

# समष्टि निकाय

## (Corporate Bodies)

वैसे तो ग्रन्थ किसी न किसी व्यक्ति द्वारा व्यक्तिगत रूप से लिखे जाते हैं और वही उस ग्रन्थ में वर्णित अन्तर्वस्तु के लिए उत्तरदायी होता है। लेकिन कुछ ग्रन्थ ऐसे भी होते हैं जो किसी व्यक्ति द्वारा व्यक्तिगत रूप से न लिखकर व्यक्तियों के समूह की ओर से लिखे जाते हैं उस समूह को सामूहिक रूप में एक नाम विशेष से सन्दर्भित किया जाता है। ऐसे समूह संगठनों अथवा इकाइयों के रूप में कार्य करते हैं तथा ये समस्त इकाइयाँ अपने व्यक्तिगत स्वरूप के कारण **समष्टि निकाय** कहलाते हैं।

समष्टि निकाय उनके द्वारा लिखित कृति में निहित बौद्धिक अन्तर्वस्तु के लिए उत्तरदायी होते हैं अतः इन्हें व्यक्तिगत लेखक न कहकर **समष्टि लेखक** कहते हैं। यद्यपि रंगनाथन् समष्टि लेखक का उपयोग करते हैं पर एएसीआर-2 समष्टि लेखक का उपयोग नहीं करता है।

एएसीआर-2 में समष्टि निकाय को एक संगठन अथवा व्यक्तियों के समूह के रूप में परिभाषित किया जाता है जो किसी विशिष्ट नाम से पहचाना जाता है और एक एकक के रूप में कार्य करता है अथवा कर सकता है। **उदाहरण के रूप में** एएसीआर-2 में शासन, शासकीय एजेन्सी, परियोजनाएँ, कार्यक्रम, संघ, संगठन, संस्था, व्यापारिक प्रतिष्ठान, अलाभकारी उद्योग, धार्मिक निकाय, सम्मेलन, पर्व एवम् मेले आदि समष्टि निकाय माने जाते हैं।

प्रसूचीकरण की दृष्टि से एएसीआर-2 में समष्टि निकाय को निम्न तीन वर्गों में श्रेणीबद्ध किया जा सकता है—

समष्टि निकाय

| शासन एवम् उसके निकाय/विभाग | समाज तथा धार्मिक निकाय। | संस्थान, संघ आदि। | सम्मेलन, संगोष्ठी कार्यशाला आदि। |
|---|---|---|---|

## 10(अ) शासन एवम् उसके निकाय/विभाग (The government and its Agencies/Departments)

शासन से आशय मुख्यरूप से शासन, शासन के अध्यक्ष, कार्यपालिका, व्यवस्थापिका न्यायपालिका तथा उसके प्रशासनिक अंग से होता है। शासन देश, राज्य, क्षेत्र, जिला, नगर आदि के भौगोलिक क्षेत्र से सम्बन्धित होता है। अनेक देशों में शासन सबसे बड़ा प्रकाशक होता है। **एएसीआर**-2 के **नियम** 24.3 E के अनुसार ग्रन्थ का लेखक कोई शासन हो और शासन का शासकीय नाम सामान्य उपयोग में न हो तो परम्परागत नाम का उपयोग शीर्षक हेतु वरण किया जाता है। शासन से यहाँ अर्थ उस भू-भाग से होता है जिस पर शासन अपना प्राधिकार रखता है जैसे– देश, राज्य, जिला, नगरपालिका आदि। **उदाहरण** के लिए यदि हम Government of India को लेखक के रूप में ले रहे हैं तब संलेख तत्व भौगोलिक क्षेत्र अर्थात **India** होगा।

### शासन (Government)

किसी शासन का परम्परागत नाम, क्षेत्र का भौगोलिक नाम होता है जिस पर उस सरकार का प्रभुत्व होता है। अतः यदि सरकार का शासकीय नाम आम उपयोग में है तो उसका यथावत् उपयोग किया जाता है।

| | | |
|---|---|---|
| United Kingdom | न कि | United Kingdom of Great Britain and Northern Ireland |
| United States | न कि | United States of America |
| Nottinghamshire | न कि | County of Nothin ghamshire |
| France | न कि | Republic Francaise |
| India | न कि | Republic of India. |

यदि देशों के नाम में कोई संघर्ष है तो उन्हें व्यष्टिकृत तत्व से विभाजित किया जाता है। जैसे –

Germany (Democratic Republic)
Germany (Federal Republic)
Korea (North)
Korea (South)

Vietnam (North)

Vietnam (South)

यदि दो या दो से अधिक शासन एक ही भौगालिक क्षेत्र के ऊपर अधिकार जताते हैं और अधिकार क्षेत्र के प्रकार से संतोषजनक भेद न हो पा रहा हो तो एक या प्रत्येक शासन के उपयुक्त पद के साथ उनके अस्तित्व के वर्ष देकर व्यष्टिकृत किया जाता है। **उदाहरण**–

France

France (Territory under German Occupation 1940-44)

**शासन के निकाय/विभाग (Agencies of the Government)**

शासन कई निकायों तथा अभिकरणों एवम् विभागों से निर्मित होता है इनमें से कुछ मुख्य कार्यकारणी अभिकरण होते हैं उदाहरण के लिए–मंत्रालय या विभाग या कार्यालय जिनके ऊपर अन्य कोई अभिकरण नहीं होता। इसके विपरीत ऐसे निकाय अथवा अभिकरण होते हैं जो उच्चतर निकायों के अधीनस्य होते हैं। इसके साथ-साथ विधायी निकाय, संवैधानिक सभाएँ, न्यायालय, सैन्य शक्तियाँ, शासकीय अधिकारीगण, राजदूतावास तथा परामर्शदायी सभाएँ इत्यादि भी हैं। **एएसीआर**-2 में इन सभी के लिए अलग-अलग नियमों का प्रावधान है। यहाँ केवल कुछ महत्वपूर्ण एवम् प्रमुखों का विवरण दिया जा रहा है।

1. **शासन के अध्यक्ष तथा राज्यों के प्रमुख** अपने अधिकार क्षेत्र के शीर्षक के अन्तर्गत प्रविष्ट किए जाते हैं। **उदाहरण** –

   India, President

   UK, Queen

   Bihar, Governor

   Agra, District Magistrate आदि।

किसी राज्य के अध्यक्ष (सम्राट, साम्राज्ञी, राजा, राष्ट्रपति, राज्यपाल तथा राज्य के अन्य अध्यक्ष) के लिए उपशीर्षक के रूप में कार्यालय की पद्वी, शासन या कार्यकाल के वर्ष और सक्षिप्त रूप में व्यक्ति का नाम जोड़ दिया जाता है। **उदाहरण**–

United Kingdom, Sovereign (1952 : Elizabeth)
United Stales, President (1953-1961 : Eisenhower)
India, President (1950-1962 : Rajendra Praseed)
India, Prime Minister (1949-64 : Nehru)
Maharastra, Governer (1986-1987 : S.D. Sharma)
United Nations, Secretary General
France, Prime Minister
Uttar Pradesh, Chief Minister

यदि पदाधिकारी मन्त्रालय का अंश नहीं है और केवल पद्वी से पहचाना जाता है तो उपशीर्षक उप पद्वी से निर्मित होगा। जैसे–

India, Auditor and Controller General
India, Chief Election Commissioner

2. ऐसे अभिकरण जिनके नाम में विभाग, सम्भाग, अनुभाग, शाखा इत्यादि शब्द जुड़े हों जो अधीनस्थता प्रकट करते हैं। ऐसे अभिकरण उस शासन के अन्तर्गत प्रविष्ट किए जाते हैं जिसके वे अंग होते हैं। **उदाहरण–**

India, Department of Education
United Kingdom, Department of Education and Science
United States, Office of Commerce
India, Department of Electronics

उपयुक्त निकायों के अधीनस्थ अभिकरण प्रत्यक्ष रूप से शासन के नाम के अन्तर्गत प्रविष्ट किए जाते हैं न कि उन विभागों के अन्तर्गत जिनसे वे सम्बद्ध होते हैं। यदि समान नाम वाले अभिकरण विद्यमान हों तो निम्न ढंग से अप्रत्यक्ष उपशीर्षकों का निर्माण किया जाता है।

**प्रत्यक्ष उपशीर्षक**

India, Nuclear Power Board

न कि India. Department of Atomic Energy. Nuclear Power Board.

**India, National Atlas and Maping Organisation**

न कि India, Department of Science and Technology, National Atlas and Maping Organisation

**अप्रत्यक्ष उपशीर्षक**

India. Department of Expenditure, Staff Inspection Unit

United Kingdom, Department of Employment, Solicitors Office

उपरोक्त इन दोनों उदाहरणों में Staff Inspection Unit और Solicitors Office को समान नाम के अन्य अधीनस्थ अभिकरणों का भ्रम दूर करने के लिए अप्रत्यक्ष रूप से प्रविष्ट किया गया है। अप्रत्यक्ष उपशीर्षकों में अगले श्रेष्ठ निकाय का नाम शासन तथा सम्बन्धित अधीनस्थ अभिकरण के नाम के मध्य में ऊपर की तरह जोड़ दिया जाता है।

3. ऐसे समस्त अभिकरण जो मंत्रालय अथवा समान कार्यकारी अभिकरण हैं उस शासन के अन्तर्गत प्रविष्ट किये जाते हैं जिस शासन के वे अंग है। **उदाहरण** –

   India, Ministry of Education

   United Kingdom, Home office

   United Kingdon, Ministry of Defence

   India, Ministry of Broadcasting.

4. ऐसे अभिकरण जो किसी सरकार द्वारा सृजित और नियत्रित होते हैं तो वे अपने नाम के अन्तर्गत (शर्त यह है कि वे उसी नाम से प्रबल रूप में पहचाने जाते हों) प्रविष्ट किए जाते हैं। अत इन्हें उस शासन के अन्तर्गत प्रविष्ट नहीं किया जाता जिसने उन्हें सृजित किया है। **उदाहरण** –

   Indian Council of Medical Research.

   Indian Military Academy.

   Canadian National Railways.

   Indian Bureau of Mines.

   Arts Council of Great Britain

   Bombay Port Trust.

5. ऐसे अभिकरण जिनके नाम में प्रशासकीय अधीनस्थता प्रदर्शित करने वाला शब्द जुड़ा हो जैसे – समिति अथवा आयोग तो वे सृजित करने वाले शासन के अन्तर्गत प्रविष्ट किए जाते हैं। यहाँ शासन का नाम अभिकरण को पहचानने के लिए आवश्यक है। **उदाहरण** –

India, Atomic Energy Commission

India, University Grants Commission

India, Union Public Service Commission

United Kingdom, Royal Commssion on the Press

United States, Commission on Civil Rights

6. विधायिका को शासन के नाम के साथ विधायिका के शीर्षक के नाम के अन्तर्गत प्रविष्ट किया जाता है। **उदाहरण** –

India, Parliament, Rajya Sabha

India, Parliament, Lok Sabha

United Kingdom, Parliament, House of Lords

United Kingdom, Parliament, House of Commons

United States, Congress, Senate

United States, Congress, House of Representatives

Uttar Pradesh, Legislative, Assembley

Uttar Pradesh, Legislative, Council

यदि कोई समिति अथवा उपसमिति विधायिका द्वारा नियुक्त की गई है तो समितियों को विधायिका के उपशीर्षक के रूप में अथवा किसी सदन विशेष के उपशीर्षक के रूप में जैसा उपयुक्त हो प्रविष्ट किया जाता है। **उदाहरण** –

India, Parliament, Public Acounts Committee

United States, Congress, Joint Committee on the Library

India, Parliament, Lok Sabha (7th : 1980–1984)

United States, Congress (87th : 1961–1962)

7. न्यायपालिका – सभी न्यायालय अपने प्राधिकार क्षेत्र के अन्तर्गत प्रविष्ट किए जाते हैं। **उदाहरण** –

India, Supreme Court

United States, Federal Court

Bombay, High Court

Maharastra, Sessions Court (Pune)

Maharastra, Sessions Court (Wardha)

8. सैन्य शक्तियाँ शासन के नाम के अन्तर्गत प्रत्यक्ष रूप से उपशीर्षक के रूप में प्रविष्ट की जाती हैं। **उदाहरण** –

India, Air Force

United Kingdom, Royal Navy

United States, Marine Corps

सेना की एक अंगभूत इकाई प्रत्यक्ष रूप से उपशीर्षक के रूप में सेवा के शीर्षक के अन्तर्गत प्रविष्ट की जाती हैं। **उदाहरण** –

India, Army, Madras Sappers and Miners

India, Army, Maratha Light Infantry

United Kingdom, Royal Navy, Sea Cadet Corps

9. राजदूतावास और कोन्सुलेट्स को प्रविष्ट करने के लिए पहले देश का नाम उसके बाद राजदूतावास अथवा कान्सुलेट शब्द तथा उसके बाद देश अथवा नगर का नाम जहाँ स्थित है। **उदाहरण** –

India, High Commission (United Kingdom)

India, Embassy (France)

United Kingdom, Deputy High Commission (Bombay)

United States, Consulate (Madras)

10. अन्तर्राष्ट्रीय और अन्तर्शासकीय निकाय को भेजे जाने वाले प्रतिनिधि–मण्डलों को प्रतिनिधित्व प्राप्त देशों के अन्तर्गत शासन के नाम के साथ उपशीर्षक के रूप में प्रविष्ट किया जाता है। **उदाहरण** –

India, Deligation to the United Nations

United States, Missoin to the United Nations

अन्तर्शासकीय (Inter-governmental) निकाय के नाम को अंग्रेजी स्वरूप में प्रविष्ट किया जाता है यदि उसे प्रकाशन में दिया गया है। उदाहरण–

Arab League न कि Union des etas Arabes

European Economic Community न कि Communaute Economique Europeene.

यदि किसी अन्तर्शासकीय निकाय को कई तरह से लिखा जाता है तो उसके प्रबल नाम का उपयोग शीर्षक हेतु किया जाता है और यदि कोई प्रबल नाम नहीं हो तो उसका संक्षिप्त नाम उपयोग किया जाता है।

**उदाहरण** –

Euratam न कि European Atomic Energy Community

Unesco न कि United Nations Education, Scientific and Cultural Organisation

SAARC न कि South Asian Association for Regional Cooperation

11. ऐसे अभिकरण जिनका नाम समष्टि निकाय जैसा नहीं लगता तथा शासन का नाम सम्मिलित हो भी सकता है नहीं भी, तब शासन के अन्तर्गत प्रविष्ट किये जाते हैं। **उदाहरण** –

Occan and Aquatic Sciences

प्रविष्ट होगा → Canada, Occan and Aquatic Sciences

Geological Survey of India

प्रविष्ट होगा → India, Geological Survey

Botanical Survey of India

प्रविष्ट होगा → India, Botanical Survey

**Ex. 43 : (शासन लेखक के रूप में)**

**The Constitution of Great Britain**

Her Majesty Office

London

1958

---

**Other informations :**

| | | |
|---|---|---|
| Call Number | : | 342.42 GRE |
| Acc. Number | : | 419 |
| Pages | : | xi, 280 |
| Size | : | 19×12 cm. |

## ग्रन्थात्मक विवरण का विश्लेषण

1. यह समष्टि निकाय **शासन** से सम्बन्धित ग्रन्थ है इसलिए इसका लेखक मात्र Great Britain ही रहेगा। **[देखें 10(अ)]**
2. अन्य कोई खास बात नहीं है।

## मुख्य संलेख

| 342.42<br>GRE | Great Britain |
|---|---|
| 419 | The constitution of Great Britain · – London: Her Magesty Office, 1958.<br>xi, 280p.; 10×12 cm.<br>1. Great Britain–Constitution I.Title |

## इतर संलेख (विषय)

| 342.42<br>GRE | GREAT BRITAIN-CONSTITUTION<br>Great Britain |
|---|---|
| | (Rest as in the main entry) |

## इतर संलेख (आख्या)

| 342.42<br>GRE | The constitution of Great Britain<br>Great Britain |
|---|---|
| | (Rest as in the main entry) |

**Ex. 44 : (शासन लेखक के रूप में)**

**Foreign Policy of the Country**

Rastrapati Bhawan
New Delhi
1948

Government of India
New Delhi

---

**Other informations :**

| | | |
|---|---|---|
| Call Number | : | 327.54 IND |
| Acc. No. | : | 5865 |
| Pages | : | 380 |
| Size | : | 21×10 cm. |

## ग्रन्थात्मक विवरण का विश्लेषण

1. यहाँ दिखाई पड़ रहा है कि भारत का शासन लेखक है।
2. अन्य कोई खास बात नहीं है।

## मुख्य संलेख

| 327.54<br>IND | India | |
|---|---|---|
| 5865 | | Foreign policy of the country · – New Delhi: Rastrapati Bhawan, 1948.<br>380 p.; 21×10 cm.<br>1. India-Foreign policy I.Title<br>○ |

## इतर संलेख (विषय)

| 327.54<br>IND | India | INDIA-FOREIGN POLICY |
|---|---|---|
| | | Foreign policy of the country · – New Delhi:<br>(Rest as in the main entry) |

## इतर संलेख (आख्या)

| 327.54<br>IND | India | Foreign policy of the country |
|---|---|---|
| | | Foreign policy of the country · – New Delhi:<br>(Rest as in the main entry) |

## Ex. 45 : (शासन का प्रमुख लेखक के रूप में)

**Speech by President**

V.V. Giri (1969–71)
in the Parliament in May, 1971

Published by
Manager of Publications,
1971

---

**Other informations :**

| | | |
|---|---|---|
| Call Number | : | 351.00311 IND. |
| Acc. No. | : | 6679 |
| Pages | : | v, 87 |
| Size | : | 21 cm. |

## मुख्य संलेख

| | | |
|---|---|---|
| 351.00311<br>IND | India | , President (1969–1971 : V.V. Giri) |
| | | Speech / by President V.V. Giri in the parlia- |
| | ment | in May 1971 · – New Delhi : Manager of |
| | Publi | cations, 1971. |
| 6679 | | v, 87p, ; 21 cm. |
| | | 1. Public administration 2.India-President |
| | I. Tit | le |

## इतर संलेख (विषय-1)

| | | |
|---|---|---|
| 351.00311<br>IND | India | PUBLIC ADMINSTRATION<br>, President (1969–1971 : V.V. Giri) |
| | | (Rest as in the main entry) |

## इतर संलेख (विषय-2)

| | | |
|---|---|---|
| 351.00311<br>IND | India | INDIA PRESIDENT<br>, President (1969–1971 : V.V. Giri) |
| | | (Rest as in the main entry) |

## इतर संलेख (आख्या)

| | | |
|---|---|---|
| 351.00311<br>IND | India | Speech by President in the parliament in May 1971<br>, President (1969–1971 : V.V. Giri) |
| | | (Rest as in the main entry) |

**Ex. 46 : (शासन का प्रमुख लेखक के रूप में)**

**Jawaharlal Nehru's Speeches**
1949 – 1953

| | | |
|---|---|---|
| | | |
| | | Publication Division<br>Ministry of Information and Broadcasting<br>1954 |

**Other informations :**

Call Number : 923.254 NEH (DDC)
V44,21M89 N54(CC)

Acc. No. : 4050

Pages : ix, 585

Size : 25 cm.

## ग्रन्थात्मक विवरण का विश्लेषण

1. ग्रन्थ का लेखक शासन का एक अधिकारी है इसलिए शीर्षक हेतु लेखक का चयन एवम् उपकल्पन निम्न प्रकार होगा–

   India, Prime Minister (1947–1964 : Jawaharlal Nehru)

2. अन्य सभी बातें समान रहती हैं। [देखें **10(अ).1**]

## मुख्य संलेख

| | | |
|---|---|---|
| 923.254<br>NEH | India, | Prime Minister (1947–1964 : Jawaharlal Nehru) |
| | Jawa<br>1954. | Jawaharlal Nehru's speeches, 1947–1953/<br>harlal Nehru · – Delhi : Publication Division; |
| 4050 | | ix, 585p.; 25 cm.<br>1. Nehru-Speeches I. Nehru, Jawaharlal II. Title |

## इतर संलेख-विषय

| | | |
|---|---|---|
| 923.254<br>NEH | India, | NEHRU-SPEECHES<br>Prime Minister (1947–1964 : Jawaharlal Nehru) |
| | | (Rest as in the main entry) |

## इतर संलेख-लेखक

| | | |
|---|---|---|
| 923.254<br>NEH | India, | Nehru, Jawaharlal<br>Prime Minister (1947–1964 : Jawaharlal Nehru) |
| | | (Rest as in the main entry) |

## इतर संलेख-आख्या

| | | |
|---|---|---|
| 923.254<br>NEH | India, | Jawaharlal Nehru's speeches, 1947-1953<br>Prime Minister (1947–1964 : Jawaharlal Nehru) |
| | | (Rest as in the main entry) |

**Ex.47 : (शासन का प्रमुख लेखक के रूप में)**

**Prime Minister**
**on**
**Sino-India Relations**

External Publicity Wing
New Delhi
9162

---

**Other informations :**

| | | |
|---|---|---|
| Call Number | : | 327.51054 |
| Acc. No. | : | 57321 |
| Pages | : | xxi, 298 |
| Size | : | 25 × 13 cm. |

1. Upto 1962 Pt. Jawaharlal Nehru was the Prime Minister of India.

## ग्रन्थात्मक विवरण का विश्लेषण

1. हम देखते हैं कि यहाँ शासन का प्रमुख लेखक है।
2. अन्य कोई खास बात नहीं है।
3. व्यक्तिगत रूप प्रदान करने के 1962 में रहे भारत के प्रधानमंत्री पं. जवाहरलाल नेहरू का नाम भी अंकित कर सकते हैं। **[देखें 10(अ).1]**

## मुख्य संलेख

| | | |
|---|---|---|
| 327.51054<br>IND | India, | Prime Minister (1962 : Nehru) |
| | Delhi | Sino-India relations/ Prime Minister · – New<br>: External Publicity Wing, 1962.<br>xxi, 298p.; 25×13 cm.<br>1. Politicial Science 2. China–India Relations |
| | I. Title | |

## इतर संलेख (विषय-1)

| | | |
|---|---|---|
| 327.51054<br>IND | India, | POLITICAL SCIENCE<br>Prime Minister (1962 : Nehru) |
| | | (Rest as in the main entry) |

## इतर संलेख (विषय-2)

| | | |
|---|---|---|
| 327.51054<br>IND | India | CHINA-INDIA RELATIONS<br>, Prime Minister (1962 : Nehru) |
| | | (Rest as in the main entry) |

## इतर संलेख (आख्या)

| | | |
|---|---|---|
| 327.51054<br>IND | India | Sino-India relations<br>, Prime Minister (1962 : Nehru) |
| | | (Rest as in the main entry) |

**Ex. 48 : (शासन का निकाय लेखक के रूप में)**

**Seventh Five Year Plan 1985-90**

Mid-Term Appraisal

Government of India
Planning Commission

Printed by
Manager,
Government of India Press
1987

---

**Other informations :**

| | | |
|---|---|---|
| Call Number | : | 338.9 IND (DDC) |
| | | X:75.44 'N90←N85 |
| Acc. No. | : | 4055 |
| Pages | : | xxi, 306 p. |
| Size | : | 28 cm. |

## ग्रन्थात्मक विवरण का विश्लेषण

1. ग्रन्थ का लेखक शासकीय निकाय है इसलिए उपकल्पन निम्न प्रकार होगा – **[देखें 10(अ).5]**

   India, Planning Commission

2. ग्रन्थ की आख्या के साथ-साथ उप-आख्या भी दी गई है।
3. ग्रन्थ का डीडीसी का क्रामक अंक भी दिया गया है।
4. ग्रन्थ का प्रकाशक भी दिया गया है।

## मुख्य संलेख

| | | |
|---|---|---|
| 338.9<br>IND | India | , Planning Commission |
| 4055 | term<br>India | Seventh five years plan, 1985–1990 : mid-<br>appraisal · – Delhi: Manager, Government of<br>Press, 1987.<br>xxi, 306p.; 28 cm.<br>1. India-Economic policy I.Title<br><br>○ |

## इतर संलेख (विषय)

| | | |
|---|---|---|
| 338.9<br>IND | India, | INDIA-ECONOMIC POLICY<br>Planning Commission |
| | | Seventh five years plan, 1985-1990 : midterm<br>(Rest as in the main entry) |

## इतर संलेख (आख्या)

| | | |
|---|---|---|
| 338.9<br>IND | India, | Seventh five years plan, 1985-1990<br>Planning Commission |
| | | Seventh five years plan, 1985-1990 : midterm<br>(Rest as in the main entry) |

**नोट** – इतर संलेख आख्या में केवल मुख्य आख्या ही शीर्षक में अंकित की जाती है उप-आख्या नहीं।

**Ex. 49 : (शासन का विभाग एवम् उसका अंग लेखक के रूप में)**

**National Accounts Statistics**
**1970-71 to 1981–82**

January 1984
Department of Statistics
Ministry of Planning
Government of India

---

**Other informations :**

| | | | |
|---|---|---|---|
| Call Number | : | 351.72310212 IND | (DDC) |
| | | X:8F. 44' N 82 ← N70s N84 | (CC) |
| Acc. No. | : | 4895 | |
| Pages | : | xi, 150 | |
| Size | : | 28 cm. | |

## ग्रन्थात्मक विवरण का विश्लेषण

1. सबसे प्रमुख बात ग्रन्थ का लेखक निर्धारण करने की है। चूँकि Government of India का राष्ट्रीय प्रकाशन है इसलिए इसके लेखक का प्रथम तत्व India होगा, द्वितीय तत्व Ministry of Planning तथा तृतीय तत्व Department of Statistics होगा। **[देखें 10(अ).2]**
2. दूसरी प्रमुख बात इसका प्रकाशक निश्चित करने की है चूँकि Government of India का प्रकाशन है इसलिए इसका प्रकाशक Manager, Government of India Press होगा तथा स्थान Delhi होगा।
3. अन्य कोई विशेष बात नहीं है नियम के अनुसार संलेख निम्न प्रकार बनाई जा रही है।

## मुख्य संलेख

| | | |
|---|---|---|
| 351.72310212<br>IND | India, | Ministry of Planning, Department of Statistics |
| 4895 | 82 · –<br>1984. | National accounts statistics, 1970-71 to 1981-<br>Delhi : Manager, Government of India Press,<br><br>xi, 150p.; 28cm.<br>1. Accounts Statisties-India I.Title<br><br>○ |

## इतर संलेख-विषय

| | | |
|---|---|---|
| 351.72310212<br>IND | India, | ACCOUNTS STATISTICS-INDIA<br>Ministry of Planning, Department of Statistics |
| | | (Rest as in the main entry) |

## इतर संलेख-आख्या

| | | |
|---|---|---|
| 351.72310212<br>IND | India | National accounts statistics 1970-71 to 1981-82.<br>Ministry of Planning, Department of Statistics |
| | | (Rest as in the main entry) |

**Ex.50 : (शासन का विभाग एवम् उसका अंग लेखक के रूप में)**

**The Indian Administrative Services**

Department of
Personnel and Administrative Reforms
Ministry of Home Affairs
Government of India
1986

Published by
Ministry of Home Affairs
Government of India
New Delhi

---

**Other informations :**

| | | |
|---|---|---|
| Call Number | : | V44,8 N86 (CC) |
| | | 323.37 IND (DDC) |
| Acc. No. | : | 26267 |
| Pages | : | xiii, 536 |
| Size | : | 18.8cm. |

## मुख्य संलेख (Main Entry)

| | | |
|---|---|---|
| 323.37<br>IND | India, Ministry of Home Aftairs, Department of | |
| | Personnel and Administrative Reforms. | |
| | The Indian administrative services/Department of Personnel and Administrative Reforms, Ministry of Home Affairs, Govt. of India · – [s.l.] : Ministry of Home affairs, Govt. of India, 1986. | |
| 26267 | xiii, 536 p.; 19cm. | |
| | 1.Civil services-India 2.Public administration I.Title | |

## अतिरिक्त संलेख (विषय-1)

| | |
|---|---|
| 323.37<br>IND | CIVIL SERVICES-INDIA<br>India, Ministry of Home Aftairs, Department of |
| | (Rest as in the main entry) |

## अतिरिक्त संलेख (विषय-2)

| | |
|---|---|
| 323.37<br>IND | PUBLIC ADMINISTRATION<br>India, Ministry of Home Aftairs, Department of |
| | (Rest as in the main entry) |

## अतिरिक्त संलेख (आख्या)

| | |
|---|---|
| 323.37<br>IND | Indian administrative services.<br>India, Ministry of Home Aftairs, Department of |
| | (Rest as in the main entry) |

**Ex.51 : (शासन की विधायिका लेखक के रूप में)**

## An Admirality list of lights for signals in the Great Britain

Government of Great Britain
House of Commons
1968

Government of Great britain
London

---

**Other informations :**

| | | |
|---|---|---|
| Call Number | : | MD525. 56 N68 (CC) |
| | | 629.1^6 GRE (DDC) |
| Acc. No. | : | 62367 |
| Pages | : | 336 |
| Size | : | 21.3 cm. |

H.T.P. : House of Commons Publication No.6.

## ग्रन्थात्मक विवरण का विश्लेषण

1. ग्रन्थ की क्रामक संख्या एवम् आख्या में कोई विशेष बात नहीं है। मात्र आख्या में प्रारम्भ में लगा An शब्द हटाना नहीं है।
2. ग्रन्थ का लेखक शासन के प्रथम श्रेणी का अंग विधायिका है उसी के अनुसार लेखक का उपकल्पन किया जायेगा। **[देखें 10(अ).7]**

## मुख्य संलेख

| | | |
|---|---|---|
| 629.106<br>GRE | Great Britain, House of Commons | |
| 62367 | Admirality list of lights for signals in the Great Britain/Great Britain, House of commons · – London : Government of Great Britain, 1968.<br>336 p.; 23 cm. · – (Publications/Great Britain, House of commons; no.6)<br>1. Useful arts 2.Navigation I.Title (Series)<br>○ | |

## अतिरिक्त संलेख (विषय-1)

| | | |
|---|---|---|
| 629.106<br>GRE | USEFUL ARTS<br>Great Britain, House of Commons | |
| | (Rest as in the main entry) | |

## अतिरिक्त संलेख (विषय-2)

| | | |
|---|---|---|
| 629.106<br>GRE | Great | NAVIGATION<br>Britain, House of Commons |
| | | (Rest as in the main entry) |

## अतिरिक्त संलेख (आख्या)

| | | |
|---|---|---|
| 629.106<br>GRE | Great | Admirality list of lights for signals in the Great Britain<br>Britain, House of Commons |
| | | (Rest as in the main entry) |

## अतिरिक्त संलेख (ग्रन्थमाला)

| | | |
|---|---|---|
| 629.106<br>GRE | Great | Publications/Great Britain, House of Commons; no. 6<br>Britain, House of Commons |
| | | (Rest as in the main entry) |

**Ex. 52 : (शासन का निकाय एवम् उसका अंग लेखक के रूप में)**

**Social Welfare Department**
**Backward Class Wing**

Administrative Report
on the welfare of backward classes
Government Printing Press
Government of Maharastra
Bombay
1971

---

**Other informations :**

| | | |
|---|---|---|
| Call Number | : | 301.4509547 MAH (DDC) |
| | | Y9(V:47) : 7.7.r N71 (CC) |
| Acc. No. | : | 6054 |
| Pages | : | xi, 120 |
| Size | : | 22 cm. |

## ग्रन्थात्मक विवरण का विश्लेषण

1. इसका लेखक महाराष्ट्र राज्य की प्रदेशीय सरकार तथा उसका अधीनस्थ अंग है इस प्रकार लेखक का उपकल्पन निम्न प्रकार किया जायेगा – Maharashtra, Social Welfare Department, Backward Class Wing

## मुख्य संलेख

| | | |
|---|---|---|
| 301.4509547<br>MAH | Maharashtra, Social Welfare Department, Backward | |
| | | Class Wing |
| | | Administrative report on the welfare of back- |
| | ward classes · –Bombay : Government Printing Press, | |
| 6054 | 1971 | |
| | | xi, 120p.; 22 cm. |
| | | 1. Social class–report I.Title |

**नोट** – जब मुख्य संलेख में लेखक का नाम अग्र रेखा पर समाहित नही हो पाता है तो अनुवर्ती पंक्तियां हैन्गिंग रेखा से प्रारम्भ होती है। यहाँ पर लेखक का नाम अग्र रेखा पर नहीं आ पा रहा है इसलिए अगली पंक्ति द्वितीय शीर्ष से दो अक्षर का स्थान छोड़कर अंकित की जायेगी।

## अतिरिक्त संलेख (विषय)

| | | |
|---|---|---|
| 301.4509547 | | SOCIAL CLASS- REPORT |
| MAH | Maharashtra, Social Welfare Department, Backward | |
| | | (Rest as in the main entry) |

## अतिरिक्त संलेख (आख्या)

| | | |
|---|---|---|
| 301.4509547<br>MAH | | Administrative report on the welfare of<br>backword classes<br>Maharashtra, Social Welfare Department, Backward |
| | | (Rest as in the main entry) |

## 10 (ब) : संस्थाएँ, संघ एवम् संगठन (Institutions, Association and Organisations)

ये सभी एक प्रकार के संगठन होते हैं जो सरकार द्वारा तो गठित नहीं किए जाते वरन् निजी तौर पर गठित किये जाते हैं। ये क्षेत्र के आधार पर अन्तर्राष्ट्रीय, राष्ट्रीय, क्षेत्रीय तथा स्थानीय स्तर के हो सकते हैं। **उदाहरण–**

**(क)** यूएनओ, यूनेस्को, आईएलओ, डब्ल्यूएचओ, एफएओ आदि अन्तर्राष्ट्रीय निकाय।

**(ख)** विभिन्न विषय क्षेत्रों में भी अन्तर्राष्ट्रीय संगठन कार्यरत हैं जैसे–

इण्टरनेशनल फेडरेशन ऑफ डाकूमेन्टेशन (फिड)।

इण्टरनेशनल फेडरेशन ऑफ लाइब्रेरी एसोशियेसन्स एण्ड इन्स्टीट्यूशन्स (इफ्ला)।

इण्टरनेशनल एकेडेमी ऑफ पॉलीटीकल साइंस एण्ड कन्स्टीट्यूशनल स्टडीज।

कॉमनवेल्थ ऑफ नेशन्स।

नाटो एवम् अन्य।

**(ग)** विभिन्न क्षेत्रों में राष्ट्रीय स्तर पर कार्यरत संगठन भी होते हैं जैसे –

अमेरिकन लाइब्रेरी एसोशियेशन (ALA)

इन्डियन इन्स्टीट्यूट ऑफ आर्किटेक्ट्स (IIA)

नेशनल एकेडेमी ऑफ आर्ट।

इन्स्टीट्यूट ऑफ चार्टेड एकाउन्टेन्ट्स ऑफ इण्डिया।

**(घ)** कुछ संगठन क्षेत्रीय तथा स्थानीय स्तर पर भी कार्यरत होते हैं जैसे–

उत्तर प्रदेश लाइब्रेरी एसोशियेशन (UPLA)

आगरा विकास प्राधिकरण (ADA)

राजस्थान एकेडेमी ऑफ साइंस (RAS)

**चयन एवम् उपकल्पन (Choice and Rendering)**

इन संस्थाओं, संघों, संगठनों आदि के प्रकाशनों को प्रायः प्रत्यक्ष रूप से उनके नाम के अन्तर्गत ही प्रविष्ट करते हैं तथा इनके चयन से सम्बन्धित नियम इस प्रकार हैं–

1. यदि किसी संस्था, संघ, संगठन आदि के नाम के शुरू में कोई प्रारम्भिक पद (Articles) आदि संलग्न हों तो उन्हें हटाकर प्रत्यक्ष रूप से उनके नाम के अन्तर्गत प्रविष्ट किया जाता है। **उदाहरण** –

   American Philosophical Society

   न कि The American Philosophical Society

   Library Association न कि The Library Association

2. जब कोई संयोजन शब्द नाम का अंतरंग अंग (Integral Part) होता है तो उसे स्पष्ट करने के लिए उसे अलग नहीं किया जाता है। **उदाहरण** –

   Larsen Toubro Limited

   Hindustan Copper Limited

   इन दोनो नामों के शीर्षकों में Limited शब्द अंतरंग अंग है इसलिए इसे हटाकर नहीं उपयोग किया जायेगा।

3. जब किसी संस्था, संघ या संगठन का नाम आद्य अक्षरों से निर्मित होता है तो उनमें लगे पूर्ण विरामों को प्रबलता के अनुसार उन्हें कभी छोड़ दिया जाता है और कभी सम्मिलित किया जाता है। **उदाहरण** –

| | | | |
|---|---|---|---|
| Aslib<br>IFLA<br>FID | पूर्ण विराम छोड़ दिए गए हैं। | R.R. Bowker Company<br>H.W. Wilson Company<br>W.H. Ross Foundations | पूर्ण विराम नहीं छोड़ गये हैं। |

4. यदि किसी संस्था, संघ या संगठन का नाम एक से अधिक भाषाओं में है उनमें से एक अँग्रेजी भी है तो अँग्रेजी भाषा में लिखित स्वरूप का उपयोग करते हैं। **उदाहरण** –

United Nations न कि Nations Unies

Canadian Committee on Cataloguing

न कि Comite Conabian be Catalogage

5. यदि किसी अन्तर्राष्ट्रीय संस्था, संघ या संगठन का नाम उसके द्वारा जारी किए गए ग्रन्थ में अँग्रेजी में दिया गया है तो अँग्रेजी स्वरूप का ही उपयोग करते हैं। **उदाहरण** –

International Federation of Library Associations and Institutions.
Nordic Association for American Studies.

6. राजनैतिक दल प्रत्यक्ष रूप से अपने अधिकारिक नामों के अन्तर्गत यदि आवश्यक हो तो देश के नाम को जोड़कर उपयोग किए जाते हैं। **उदाहरण** –

Labour Party (Great Britain)
Indian National Congress

7. संस्था, संघ या संगठन के अधीनस्थ निकायों को उनके उपशीर्षक के रूप में उपयोग करते हैं। **उदाहरण** –

International Council on Social welfare, Canadian Committee
International Federation of Library Associations and Institutions, Section on Cataloguing.

**Ex.53 : (संस्था लेखक के रूप में)**

**Selected Papers in**
**Urban and Regional Planning**

Institute of Town Planners
Bombay
1998

---

**Other informations :**

| | | |
|---|---|---|
| Call Number | : | 711.4 INS |
| Acc. No. | : | 3100 |
| Pages | : | 135 |
| Size | : | 22 cm. |

## ग्रन्थात्मक विवरण का विश्लेषण

1. चूँकि संस्थागत संगठन द्वारा लिखित प्रलेख है इसलिए यह सीधे ही संस्था के नाम के अन्तर्गत प्रविष्ट किया जायेगा।

### मुख्य संलेख

| 711.4<br>INS | Instit | ute of Town Planners |
|---|---|---|
| <br><br><br>3100 | <br>ning | Selected papers in urban and regional plan-<br>– Bombay : Institute of Town Planners, 1998.<br>135p.; 22cm.<br>1. City planning 2. Regional planning I. Title |

### इतर संलेख (विषय-1)

| 711.4<br>INS | Instit | CITY PLANNING<br>ute of Town Planners |
|---|---|---|
| | ning | Selected papers in urban and regional plan-<br><br>(Rest as in the main entry) |

## इतर संलेख (विषय-2)

| | | |
|---|---|---|
| 711.4<br>INS | | REGIONAL PLANNING<br>Institute of Town Planning |
| | | Selected papers in urban and regional planning<br><br>(Rest as in the main entry) |

## इतर संलेख (आख्या)

| | | |
|---|---|---|
| 711.4<br>INS | | Selected papers in urban and regional planning<br>Institute of Town Planners |
| | | (Rest as in the main entry) |

**Ex. 54 : (संघ एक लेखक के रूप में)**

**AMA Management Handbook**

Edited by
Russell F. Moore

American Management Association Inc.
New York
1970

---

**Other informations :**

| | | |
|---|---|---|
| Call Number | : | 658.02 AME |
| Acc. No. | : | 3094 |
| Pages | : | xx, 48 |
| Size | : | 24 cm. |

On the back of the title page it is stated that the copyright is with the American Management Association Inc.

## ग्रन्थात्मक विवरण का विश्लेषण

1. इस ग्रन्थ का लेखक एक राष्ट्रीय ग्रन्थालय संघ है इसलिए मुख्य संलेख संघ के नाम के अन्तर्गत ही निर्मित किया जायेगा।
2. अन्य कोई खास बात नहीं है।

## मुख्य संलेख

| | |
|---|---|
| 658.02<br>AME | American Management Association |
| 3094 | AMA management handbook/edited by Russell F. Moore · – New York : American Management Association, 1970.<br>1. Mangement-handbook I.Moore, Russel F. II.Title |

## इतर संलेख (विषय)

| | |
|---|---|
| 658.02<br>AME | MANAGEMENT-HANDBOOK<br>American Management Association |
| | AMA management handbook/edited by Russell F. Moore<br>(Rest as in the main entry) |

## इतर संलेख (सम्पादक)

| | | |
|---|---|---|
| 658.02<br>AME | | Moore, Russell F.<br>American Management Association |
| | | AMA management handbook/edited by Russell F. Moore<br>(Rest as in the main entry) |

## इतर संलेख (आख्या)

| | | |
|---|---|---|
| 658.02<br>AME | | AMA management handbook<br>American Management Association |
| | | AMA management handbook/edited by Russell F. Moore<br>(Rest as in the main entry) |

## Ex. 55 : (संघ लेखक के रूप में)

**Canadian Library Association, Occasional Paper No. 13**

Banking in Canadian
Documents for Canadian Bank Libraries

The Committee on Library Service to Banks of
Canadian Library Association

Edited by
Aristide R. Zolberg

Canadian Library Association
Canada
1980

---

**Other informations :**

| | | |
|---|---|---|
| Call Number | : | 332. 50971 |
| Acc. No. | : | 232 |
| Pages | : | vii + 37 |
| Size | : | 22×19.5 cm. |

## मुख्य संलेख

| | |
|---|---|
| 332.50971<br>CAN | Canadian Library Association, The Committee on |
| 232 | Library Service to Banks.<br>Banking in Canadian documents for canadian bank libraries/The committee on library service to banks of Canadian Library Association ; edited by Aristide R. Zolberg · – Canada: Canadian Library Association, 1980.<br>vii, 37p.; 22×20 cm · – (Canadian Library Association, Occessional paper; no.13)<br>1. Banks and banking-Canada 2.Bank libraries-Canada I.Zolberg, Aristide R., ed. II.Title (Series) |

## इतर संलेख (विषय-1)

| | |
|---|---|
| 332.50971<br>CAN | BANKS AND BANKING - CANADA<br>Canadian Library Association, The Committee on |
| | Library Services to Banks.<br>(Rest as in the main entry) |

## इतर संलेख (विषय-2)

| | |
|---|---|
| 332.50971<br>CAN | BANK LIBRARIES - CANADA<br>Canadian Library Association, The Committee on |
| | Library Services to Banks.<br>(Rest as in the main entry) |

## इतर संलेख (सम्पादक)

| | | |
|---|---|---|
| 332.50971<br>CAN | | Zolberg, Aristide R.<br>Canadian Library Association, The Committee on |
| | | Library Services to Banks.<br>(Rest as in the main entry) |

## इतर संलेख (आख्या)

| | | |
|---|---|---|
| 332.50971<br>CAN | | Banking in Canadian documents<br>Canadian Library Association, The Committee on |
| | | Library Services to Banks.<br>(Rest as in the main entry) |

## इतर संलेख (ग्रन्थमाला)

| | | |
|---|---|---|
| 332.50971<br>CAN | | Canadian Library Association,<br>Canadian Library Association, The Committee on |
| | | Library Services to Banks.<br>(Rest as in the main entry) |

**नोट** – मुख्य संलेख में लेखक का नाम अग्र रेखा पर समाहित नहीं हो रहा है इसलिए अगली पंक्ति में दो अक्षर छोड़कर (हैन्गिंग शीर्ष) से प्रारम्भ होगी।

## Ex. 56 : (संघ एक लेखक के रूप में)

### Current Economic Problems

The Proceedings of the
Association of University Teachers of Economics
Manchester, 1974

Edited by
Michael Parkin
and
A.R. Nobay

Combridge University Press
Cambridge
1975

---

**Other informations :**

| | | |
|---|---|---|
| Call Number | : | 330 ASS |
| Acc. No. | : | 3080 |
| Pages | : | xii, 375 |
| Size | : | 24 cm. |
| ISBN | : | 0521-02818-1 |

## मुख्य संलेख

| | | |
|---|---|---|
| 330<br>ASS | Association of University Teachers of Economics | |
| 3080 | Current economic problems : proceedings of the Association of University Teachers of Economics, 1974/edited by Michael Parkin and A.R. Nobay · – Cambridge : Cambridge University Press, 1975.<br>xii, 375p.; 24 cm.<br>ISBN0-521-20818-1<br>1. Economics-Congress I.Parkin,Michael II.Nobay, A.R. III.Title. | |

## इतर संलेख (विषय)

| | | |
|---|---|---|
| 330<br>ASS | | ECONOMICS-CONGRESS<br>Association of University Teachers of Economics |
| | | (Rest as in the main entry) |

## इतर संलेख (सम्पादक-1)

| | | |
|---|---|---|
| 330<br>ASS | | Parkin, Michael<br>Association of University Teachers of Economics |
| | | (Rest as in the main entry) |

| 330<br>ASS | | Nobay, A.R.<br>Association of University Teachers of Economics |
|---|---|---|
| | | (Rest as in the main entry) |

## इतर संलेख (आख्या)

| 330<br>ASS | | Current economic problems<br>Association of University Teachers of Economics |
|---|---|---|
| | | (Rest as in the main entry) |

## 10(स) : समितियाँ तथा आयोग (Committees and Commissions)

शासन समय-समय पर विभिन्न पहलुओं पर भली-भाँति विचार करने एवम् अपने सम्बन्ध में सुझाव देने के लिए अनेक समितियाँ अथवा आयोग गठित करता है। ये समितियाँ तथा आयोग अपनी रिपोर्ट शासन को सौपते हैं। समितियों की ये रिपोर्ट कई तरह से अत्यन्त आवश्यक होती हैं। ग्रन्थालयों में उनकी खोज सन्दर्भों एवम् अनुसंधान कार्य के लिए की जाती है। समितियों एवम् आयोगों की ये रिपोर्ट या तो अपने नाम से अथवा समितियों एवम् अध्यक्षों के नाम से जनता में लोकप्रिय होती हैं। **उदाहरण** –

1. Advisory Committee for Libraries (1957)
2. Report of the Education Commission, 1961-66.
3. Finance Commission Report, 1972.
4. Radhakrishanan Commission, 1948.

**चयन एवम् उपकल्पन (Choice and Rendering)** – समिति अथवा आयोग अपने नाम से प्रत्यक्ष रूप से प्रविष्ट किये जाते हैं अथवा शासन की सहायक संस्था के अन्तर्गत प्रविष्ट किये जाते हैं। इनके लिए कुछ विशिष्ट नियम निम्न प्रकार हैं –

1. यदि समिति अथवा आयोग किसी शासन द्वारा गठित किया गया है तो शीर्षक हेतु पहले शासन का नाम उपकल्पित करते हैं फिर समिति अथवा आयोग का नाम अंकित करते हैं। **उदाहरण** –

   India, Advisory committee for libraries.
2. यदि समिति या आयोग के गठन का वर्ष दिया गया है तो उसे समिति या आयोग के नाम के बाद कौमा लगाकर अंकित करते हैं। **उदाहरण**–

   India, Advisory committee for libraries, 1957.
3. यदि समिति या आयोग के अध्यक्ष/सभापति का नाम भी दिया हुआ है तो उसे इसके साथ न लिखकर टिप्पणी क्षेत्र में अंकित करते हैं।

**Ex. 57: (शासन द्वारा गठित समिति लेखक के रूप में तथा उसका अध्यक्ष भी है।)**

**Report of**
**The Astronomical Committee**

Government of India

Published by
CSIR , New Delhi
1958

---

**Other informations :**

| | | |
|---|---|---|
| Call Number | : | 520.6 IND |
| Acc. No. | : | 30691 |
| Pages | : | xi, 121 |
| Size | : | 28 × 15 cm. |

1. Prof, G.S. Kanwar, Head of Department, Delhi University is the Chairman of the committee.
2. The work is also known as Kanwar Committee Report.

## मुख्य संलेख

| | | |
|---|---|---|
| 520.6<br>IND | India, | Astronomical Committee |
| 30691 | | Report/Astronomical Committee, Government of India · – New Delhi : CSIR, 1958.<br>xi, 121p.; 28×15 cm.<br>Chairman : G.S. Kanwar<br>Also known as Kanwar Committee Report.<br>1. Astronomy-Mathematics I.Kanwar, G.S. II. Title : Kanwar Committee Report. |

## इतर संलेख (विषय)

| | | |
|---|---|---|
| 520.6<br>IND | India, | ASTRONOMY-MATHEMATICS<br>Astronomical Committee |
| | | (Rest as in the main entry) |

## इतर संलेख (चेयरमेन)

| | | |
|---|---|---|
| 520.6<br>IND | India, | Kanwar, G.S.<br>Astronomical Committee |
| | | (Rest as in the main entry) |

## इतर संलेख (आख्या)

| | | |
|---|---|---|
| 820.6<br>IND | India, | Report of the astronomical committee<br>Astronomical Committee |
| | | (Rest as in the main entry) |

## इतर संलेख (लोकप्रिय आख्या)

| | | |
|---|---|---|
| 820.6<br>IND | India, | Kanwar Committee Report<br>Astronomical Committee |
| | | (Rest as in the main entry) |

**Ex. 58: (शासन द्वारा गठित समिति तथा उसका अध्यक्ष भी है)**

**Report of the**
**Wage Revision Committee for**
**Port and Dock Workers for Major Ports, 1974.**

Ministry of Shipping and Transport, 1997

---

**Other informations :**

Call Number : 331. 28 IND

Acc. No. : 6058

Pages : x, 360

Size : 20 cm.

1. The chairman of the committee was B. N. Lokur
2. The Report is also called Lokur Committee Report.

## मुख्य संलेख

| | | |
|---|---|---|
| 331.28<br>IND | India | Ministry of Shipping and Transport, Wage |
| 6058 | | Revision Committee for port and dock workers for major ports, 1974<br>Report, 1977<br>x, 360p; 20 cm.<br>Chairman : B.N. Lokur<br>Also known as Lokur Committee Report<br>1. Wages -Port workers I.Lokur, B.N.<br>II.Title: Lokur Committee Report |

## इतर संलेख (विषय)

| | | |
|---|---|---|
| 331.28<br>IND | India | WAGES-PORT WORKERS<br>Ministry of Shipping and Transport, Wage |
| | | (Rest as in the main entry) |

## इतर संलेख (चेयरमेन)

| | | |
|---|---|---|
| 331.28<br>IND | India | Lokur, B.N.<br>Ministry of Shipping and Transport, ... |
| | | (Rest as in the main entry) |

## इतर संलेख (आख्या)

| | | |
|---|---|---|
| 331.28<br>IND | India | Report of the wage revision comittee for port and dock workers of major ports, 1974.<br>, Ministry of Shipping and Transport, Wage |
| | | (Rest as in the main entry) |

## इतर संलेख (लोकप्रिय आख्या)

| | | |
|---|---|---|
| 331.28<br>IND | India | Lokur Committee Report<br>, Ministry of Shipping and Transport, Wage |
| | | (Rest as in the main entry) |

**Ex. 59 : (शासन द्वारा गठित समिति साथ में उसका अध्यक्ष भी है)**

**Report of the**
**Advisory Committee for Libraries**

Ministry of Education
Government of India
New Delhi
1962

---

**Other informations :**

| | | |
|---|---|---|
| Call Number | : | 027.5 IND |
| Acc. No. | : | 4352 |
| Pages | : | xi, 175 |
| Size | : | 23×10 cm. |

H.T.P. : Manager of publications, no. 132.

1. Chairman of the committee is K.P. Sinha
2. Report is also known as Sinha Committee Report.

## मुख्य संलेख

| 027.5<br>IND | India, Advisory Committee for libraries |
|---|---|
| 6365 | Report of the advisory committee for libraries, Ministry of Education, Government of India · – New Delhi : Manager of Publications, 1962<br>x,175 p.; 23×15 cm. · – (India, Ministry of Education, Manager of Publications; no. 132)<br>Chairman : K.P. Sinha<br>Also known as Sinha Committee Report<br>1. Education 2. Libraries-India I.Title : Sinha Committee Report II. Series |

## इतर संलेख (विषय-1)

| 027.5<br>IND | EDUCATION<br>India, Advisory Committee for libraries |
|---|---|
| | (Rest as in the main entry) |

## इतर संलेख (विषय-2)

| 027.5<br>IND | LIBRARIES-INDIA<br>India, Advisory Committee for libraries |
|---|---|
| | (Rest as in the main entry) |

## इतर संलेख (ग्रन्थमाला)

| | | |
|---|---|---|
| 027.5<br>IND | India, | India, Ministry of Education, Manager of Publications; no 132)<br>Advisory Committee for libraries |
| | | (Rest as in the main entry) |

## इतर संलेख (ज्ञात नाम)

| | | |
|---|---|---|
| 027.5<br>IND | India, | Sinha Committee Report<br>Advisory Committee for libraries |
| | | (Rest as in the main entry) |

**Ex. 60 : (शासन द्वारा गठित आयोग लेखक के रूप में)**

## Education and National Development

Report
of the
Education Commission, 1964-66

NCERT
New Delhi
1966

---

**Other informations :**

Call Number : 370.6 IND

Acc. No. : 3041-3044

Size : 20 cm.

1. The report is published by NCERT under four volumes and each volume has a seperate title as follows:

   V.1: General problems in education.

   V.2: School education.

   V.3: Higher education.

   V.4: Educational planning, administration and finance.

2. The chairman of the committee was D.S. Kothari.
3. The report is well known as Kothari Commission Report.

## ग्रन्थात्मक विवरण का विश्लेषण

1. यह भारत सरकार द्वारा गठित आयोग है इसलिए इसी के अन्तर्गत मुख्य संलेख निर्मित की जायेगी– India, Education Commission (1964)
2. चूँकि आयोग का समय 1964 से 1966 दिया है इसलिए लेखक के रूप में इसके गठन करने का वर्ष ही दिया जायेगा।
3. रिपोर्ट के प्रकाशन का वर्ष 1966 होगा।
4. चूँकि रिपोर्ट 4 खण्डों में है इसलिए यह भी उल्लेख किया जायेगा।
5. चार खण्ड हैं और चारों की अलग-अलग आख्याएँ भी हैं इसलिए इन खण्डों का विवरण Contents के अन्तर्गत दिया जायेगा जैसा कि बहुखण्डीय ग्रन्थों में देते हैं।

## मुख्य संलेख

| | | |
|---|---|---|
| 370.6<br>IND | India | Education Commission (1964) |
| 3041-44 | of the<br>: NC<br><br><br>· –v.2<br>v.4 E<br><br><br><br>Title | Education and national development/report education commission, 1964-66 · – New Delhi ERT, 1966.<br>4v.; 20 cm.<br>Conents : v.1 General problems in education School education · – v.3 Higher education · – ducational planning, administration and finance.<br>Chairman : D.S. Kothari<br>Also known as Kothari Commission Report.<br>Education-India I.Kothari,D.S. II.Title III. : Kothari Commission Report |

## इतर संलेख (विषय)

| | | |
|---|---|---|
| 370.6<br>IND | India | EDUCATION-INDIA<br>Education Commission (1964) |
| | | Education and national development/report<br>(Rest as in the main entry) |

## इतर संलेख (चेयरमेन)

| | | |
|---|---|---|
| 370.6<br>IND | India | Kothari, D.S.<br>, Education Commission (1964) |
| | | Education and national development/report<br>(Rest as in the main entry) |

## इतर संलेख (आख्या)

| | | |
|---|---|---|
| 370.6<br>IND | India | Education and national development<br>, Education Commission (1964) |
| | | Education and national development/report<br>(Rest as in the main entry) |

## इतर संलेख (लोकप्रिय आख्या)

| | | |
|---|---|---|
| 370.6<br>IND | India | Kothari commission report<br>, Education Commission (1964) |
| | | Education and national development/report<br>(Rest as in the main entry) |

**Ex. 61 : (शासन द्वारा गठित आयोग लेखक के रूप में)**

**Centre-State Relationship**
**(Vol. 1)**

Report of the Study Team
of
Administrative Reforms Commission

Printed by the
Manager
Government of India Press, Simla
for the
Manger of Publications
Civil Lines
Delhi, 1968

---

**Other informations :**

| | | |
|---|---|---|
| Call Number | : | 354.540006 |
| Acc. No. | : | 8009 |
| Pages | : | iii, 313 |
| Size | : | 24 cm. |

1. Chairman of the commision is **M.C. Setalvad.**

## ग्रन्थात्मक विवरण का विश्लेषण

1. चूँकि यह शासन द्वारा गठित आयोग है इसलिए शासन के साथ आयोग का नाम लेखक के नाम में चयन किया जायेगा।
2. यह इसका प्रथम खण्ड है अतः यह सूचना पृष्ठांकन में देनी होगी।
3. अन्य कोई खास बात नहीं हैं।

## मुख्य संलेख

| | | |
|---|---|---|
| 354.540006<br>IND | India | , Administrative Reforms Commission Study |
| | | Team |
| | | Center state relationships report · – Delhi : |
| | Manager of Publications, 1968 | |
| 8009 | | v.1 ( iii, 313p.); 24 cm. |
| | | Chairman : M.C. Setalvad |
| | | 1. Federal-State relations I. Setalvad, M.C. |
| | II.Title | |

## इतर संलेख (विषय)

| | | |
|---|---|---|
| 354.540006<br>IND | India | FEDERAL-STATE RELATIONS<br>, Administrative Reforms Commission Study |
| | | Team |
| | | (Rest as in the main entry) |

## इतर संलेख (चेयरमेन)

| | | |
|---|---|---|
| 354.540006<br>IND | India, | Setalvad. M.C.<br>Administrative Reforms Commission Study Team |
| | | (Rest as in the main entry) |

## इतर संलेख (आख्या)

| | | |
|---|---|---|
| 354.540006<br>IND | India, | Centre-state relationship report<br>Administrative Reforms Commission Study Team |
| | | (Rest as in the main entry) |

## 10(द) सम्मेलन, संगोष्ठी, सभा, परिचर्चा आदि।

एक अन्य प्रकार का प्रकाशन जो एक सामान्य प्रकाशन होता है वह सम्मलेन, संगोष्ठी, सभा, कार्यशाला, परिचर्चा आदि की **कार्यवाही** (Proceedings) होती है। अनेक सम्मेलन, सभाएँ तथा संगोष्ठी आदि प्रत्येक वर्ष आयोजित की जाती हैं अथवा कुछ निश्चित अन्तराल के बाद आयोजित की जाती हैं। इन सम्मेलन एवम् सभाओं में विशेषज्ञ अपने-अपने आलेख प्रस्तुत करते हैं उन पर भलीभाँति विचार किया जाता है तथा उन्हें एक कार्यवाही के रूप में प्रकाशित करने के लिए संस्तुति की जाती है। इनमें से अधिकांश कार्यवाहियों में अनुसंधान से सम्बन्धित सामग्री होती है इसलिए शैक्षणिक एवम् विशिष्ट ग्रन्थालयों में इनकी माँग होती है इसलिए इनके प्रसूचीकरण हेतु विशिष्ट नियमों की आवश्यकता होती है इसलिए **एएसीआर**-2 में इनके लिए नियम दिए गए हैं।

सम्मेलन, संगोष्ठी, सभा, कार्यशाला आदि के उदाहरण –

All India Library Conference
Science Congress
International Conference on Classification
Indian Library Assoociation.
Peris Peace Conference

### चयन एवम् उपकल्पन

एएसीआर-2 में सम्मेलन से सम्बन्धित कुछ नियम दिए गए हैं –

1. यदि किसी सम्मेलन के नाम से पूर्व संख्या, आवृत्ति अथवा वर्ष दिए गये हैं तो उन्हें प्रारम्भ से हटा दिया जाता है। **उदाहरण के लिए** –

   IX All India Library Conference

   → All India Library Conference

2. यदि सम्मेलन केवल एक ही है तो आयोजन वर्ष जोड़ा जाता है। **उदाहरण**– Conference on Library Services (1980)

3. सम्मेलन की संख्या, वर्ष तथा स्थान यदि दिए हुए हैं तो वे लघु कोष्ठक में सम्मेलन के नाम के बाद दिए जाते हैं। **उदाहरण** –

   All India Labour Conference (26th : 1980 : Delhi)

4. यदि स्थान सम्मेलन के नाम का एक भाग है तो उसकी पुनरावृत्ति शीर्षक में नहीं की जाती है। **उदाहरण –**

   Paris Symposiam on Radio Astronomy (1958).

5. यदि सम्मेलन के सत्र दो स्थानों पर हुए हों तो दोनों को जोड़ दिया जाता है। **उदाहरण –**

   World Peace Congress (1st : 1949 : Paris and Prague)

6. राजनीतिक दलों के सम्मेलन दल के नाम के अन्तर्गत प्रविष्ट किए जाते हैं। **उदाहरण –**

   Labour Party (Greet Britain) Conference (72nd; 1972 : London)

**10 (य) प्रदर्शनीय, मेले एवम् पर्व (Exibitions, Fairs and Festivals)**

प्रदर्शिनियाँ, मेले एवम् पर्व एएसीआर-2 के अनुसार उन नामों के अन्तर्गत प्रविष्ट किये जाते हैं जिनसे वे जाने जाते हैं। नाम में से उन शब्दों को छोड़ दिया जाता है जो उनकी संख्या को निर्दिष्ट करते हैं। शीर्षक में क्रम संख्या, आयोजन वर्ष अथवा स्थान दिया है तो उसे भी लघु कोष्ठक में जोड़ दिया जाता है। **उदाहरण –**

Expo 67 (Montreal)
International Indian Ocean Expedition (1990)
Word Book Fair (9th)
Delhi Exhibition (1902 : India)
Festival of India (1986 : United States)
Festival of the USSR (1987 : India)
World Book Fair (10th; 1988 : New Delhi)

यदि वर्ष अथवा स्थान नाम के अन्तरंग भाग हैं तो अलग से नहीं जोड़े जाते हैं। **उदाहरण –**

Tenth All India Book Fair

**Ex.62 : (सम्मेलन एक लेखक के रूप में)**

**Ninth Luner and Planetary Science Conference**
**Houston, 1978**

Proceedings of the
Ninth Luner and Planetary Science Conference
Houston, Texas
March 13–17, 1978

Compiled by
The Luner and Planetary Institute
Houston, Texas

Pergamon
Oxford
1978

---

**Other informations :**

Call Number : 523.3 LUN

Acc. No. : 4038–40

No. of Volumes : 3

Size : 26 cm.

## ग्रन्थात्मक विवरण का विश्लेषण

1. यह सम्मेलन की कार्यवाही है इसलिए उसी के अनुसार सम्मेलन का उपकल्पन किया जायेगा।

   Luner and Planetary Science Conference (9th : 1978 : Houston) सम्मेलन के नाम में जो संख्या (Ninth) पहले लगी हुई है वह बाद में लघु कोष्ठक में वर्ष एवम् स्थान के साथ लिखी गई है।
2. अन्य सभी बातें समान हैं। आख्या ज्यों की त्यों लिखी जायेगी।

## मुख्य संलेख

| | |
|---|---|
| 523.3<br>LUN | Luner and Planetary Science Conference (9th : 1978 : Houston) |
| 4038-40 | Proceedings of the ninth luner and planetary science conference, March 13-17, 1978/compiled by the Luner and Planetary Institute · – Oxford : Pergamon, 1978.<br>3v.; 26 cm.<br>1. Moon I.Luner and Planetary Institute II. Title.<br>○ |

## इतर संलेख (विषय)

| | |
|---|---|
| 523.3<br>LUN | MOON<br>Luner and Planetary Science Conference (9th : 1978 : Houston) |
| | (Rest as in the main entry) |

## इतर संलेख (संकलन कर्ता)

| | | |
|---|---|---|
| 523.3<br>LUN | | Luner and Planetary Institute<br>Luner and Planetary Science Conference (9th : 1978: |
| | | Houston)<br>(Rest as in the main entry) |

## इतर संलेख (आख्या)

| | | |
|---|---|---|
| 523.3<br><br>LUN | | Proceedings of the 9th luner and planetary science conference.<br>Luner and Planetary Science Conference (9th : 1978: |
| | | Houston)<br>(Rest as in the main entry) |

**Ex.63 : (सेमीनार (संगोष्ठी) लेखक के रूप में)**

**Third Seminar on Dravidian Linguistics**

Editors
A.S. Devarajan
and
S.V. Shanmugam

Annamalainagar
Tamilnadu, India, 1972

---

**Other informations :**

| | | |
|---|---|---|
| Call Number | : | 494.806 SEM |
| Acc. No. | : | 4042 |
| Pages | : | v, 415 |
| Size | : | 23 cm. |

1. The seminar was conducted by the Centre of Advanced Studies in Linguistics, Annamalai University on November 19-21, 1971.

## मुख्य संलेख

| | |
|---|---|
| 494.806<br>SEM | Seminar on Dravidian Linguistics (3rd : 1971 |
| 4042 | Annamalainagar)<br>Third seminar on dravidian linguistics, Nov. 19-21, 1971/conducted by the Centre of Advanced Studies in Linguistics, Annamalai University ; edited by A.S. Devarajan and S.V. Shanmugam · – Annamlingar : Annamalai University, 1972.<br>v, 415 p.; 23 Cm.<br>1. Linguistics–Dravidian I. Annamalai University, Centre of Advanced Studies in Linguistics II. Devarajan A.S. III. Shanmugam, S.V. IV.Title |

## इतर संलेख (विषय)

| | |
|---|---|
| 494.806<br>SEM | LINGUISTICS–DRAVIDIAN.<br>Seminar on Dravidian Linguistics (3rd : 1971) |
| | (Rest as in the main entry) |

## इतर संलेख (आयोजक निकाय)

| | |
|---|---|
| 494.806<br>SEM | Annamalai University, Centre of Advanced Studies in Linguistics<br>Seminar on Dravidian Linguistics (3rd : 1971) |
| | (Rest as in the main entry) |

## इतर संलेख (सम्पादक-1)

| | | |
|---|---|---|
| 494.806<br>SEM | | Devarajan, A.S.<br>Seminar on Dravidian Linguistics (3rd : 1971) |
| | | (Rest as in the main entry) |

## इतर संलेख (सम्पादक-2)

| | | |
|---|---|---|
| 494.806<br>SEM | | Shanmugam, S.V.<br>Seminar on Dravidian Linguistics (3rd : 1971) |
| | | (Rest as in the main entry) |

## इतर संलेख (आख्या)

| | | |
|---|---|---|
| 494.806<br>SEM | | Third seminar on dravidan linguistics<br>Seminar on Dravidian Linguistics (3rd : 1971) |
| | | (Rest as in the main entry) |

## Ex.64 : (संगोष्ठी लेखक के रूप में)

# Proceedings of the Fourth Seminar on the Teaching of Natural Sciences

Held at
Chandigarh, 1965

edited by
A.B. Shah

Manaktalas
Bombay
1966

---

**Other informations :**

| | | |
|---|---|---|
| Call Number | : | 372.35 SEM |
| Acc. No. | : | 4131 |
| Pages | : | x, 112 |
| Size | : | 22 Cm. |

## मुख्य संलेख

| | |
|---|---|
| 372.35<br>SEM | Seminar on the teaching of Natural Sciences (4th : 1965 : Chandigarh) |
| 4131 | Proceedings of the fourth seminar on the teaching of natural sciences/ edited by A.B. Shah . – Bombay : Manaktalas, 1966.<br>x, 112 p.; 22 cm.<br>1. Natural sciences – Study and teaching I. Shah, A.B. II.Title |

## इतर संलेख (विषय)

| | |
|---|---|
| 372.35<br>SEM | NATURAL SCIENCES–STUDY AND TEACHING<br>Seminar on the teaching of Natural Sciences (4th : 1965 : Chandigarh)<br>(Rest as in the main entry) |

## इतर संलेख (सम्पादक)

| | |
|---|---|
| 372.35<br>SEM | Shah, A.B.<br>Seminar on the teaching of Natural Sciences (4th : 1965: Chandigarh)<br>(Rest as in the main entry) |

## इतर संलेख (आख्या)

| | |
|---|---|
| 372.35<br>SEM | Proceedings of the fouth seminar on the teaching of natural sciences.<br>Seminar on the teaching of Natural Sciences (4th : 1965 : Chandigarh<br>(Rest as in the main entry) |

**Ex. 65 : (संगोष्ठी लेखक के रूप में)**

**Seminar on the**
**Anglo. American Cataloguing Rules-2**

Proceedings of the Seminar

Organised by
Indian Library Association
of the
University of Bombay
4–7th May, 1982

Edited by
Warren Reller

The Indian Library Association
New Delhi
1983

---

**Other informations :**

Call Number : 025.349 SEM

Acc. No. : 7329

Pages : xi, 204

Size : 30 cm.

## मुख्य संलेख

| | |
|---|---|
| 025.349<br>SEM | Seminar on the Anglo-American Cataloguing Rules-2 (1962 : Univesity of Bombay)<br>Proceedings of the seminar organised by Indian Library Association of the Univesity of Bombay, 4th May, 1982/edited by Warren Reller · – New Delhi : Indian Library Association, 1983.<br>xi, 204p.; 30 cm.<br>1. Anglo - American Cataloguing Rules 2. Library Science-Cataloguing I.Title |

## इतर संलेख (विषय-1)

| | |
|---|---|
| 025.349<br>SEM | ANGLO–AMERICAN CATALOGUING RULES-2<br>Seminar on the Anglo-American Cataloguing Rules-2 (1962 : University of Bombay)<br>(Rest as in the main entry) |

## इतर संलेख (विषय-2)

| | |
|---|---|
| 025.349<br>SEM | LIBRARY SCIENCE-CATALOGUING<br>Seminar on the Anglo-American Cataloguing Rules-2 (1962 : University of Bombay)<br>(Rest as in the main entry) |

## इतर संलेख (आख्या)

| | |
|---|---|
| 025.349<br>SEM | Proceedings of the seminar on the Anglo-American Cataloguing Rules-2.<br>Seminar on the Anglo-American Cataloguing Rules-2 (1962 : University of Bombay)<br>(Rest as in the main entry) |

**Ex. 66 : (कार्यशाला लेखक के रूप में)**

**Use of Computers is Libraries**

Papers presented at the Workshop on
Use of Computers in LIbraries
held at Jiwaji University
Gwalior in April 1993.

Published by
Jiwaji University Press
Gwalior, 1995

---

**Other informations :**

| | | |
|---|---|---|
| Call Number | : | 025.10051 WOR |
| Acc. No. | : | 24310 |
| Pages | : | xx, 320 |
| Size | : | 23 × 18 cm. |

## मुख्य संलेख

025.10051
WOR

Workshop on use of computers in libraries (1993:
Gwalior)

Use of computers in libraries : papers presented at the workshop on use of computers in

24310

libraries held at Jiwaji University, Gwalior in April 1993 · – Gwalior : Jiwaji University Press, 1995.

xx, 320 p.; 23 × 18 cm.

1. Libraries, use of computers I.Title

## इतर संलेख (विषय)

025.10051
WOR

LIBRARIES, USE OF COMPUTERS

Workshop on use of computers in libraries (1993:
Gwalior)

(Rest as in the main entry)

## इतर संलेख (आख्या)

025.10051
WOR

Use of computers in libraries

Workshop on use of computers in Libraries (1993:
Gwalior)

(Rest as in the main entry)

**********

# 11

# समरूप आख्या
# (Uniform Title)

कुछ ग्रन्थ ऐसे होते हैं जिनके मुखपृष्ठ पर लेखक का कोई नाम नहीं होता है और इनके लेखकों का विवरण सन्दर्भ स्रोतों से भी प्राप्त नहीं होता है। ऐसी कृतियाँ अपनी आख्या से ही अधिकांश रूप से प्रचलित होती हैं अर्थात उनकी पहचान करने का माध्यम उनकी आख्या ही होती है। ऐसी कृतियों के अनेक संस्करण तथा अनुवाद होते हैं जो विभिन्न आख्याओं के नाम से प्रचलित होते हैं। ऐसी स्थिति में इनके मुखपृष्ठों पर भिन्न-भिन्न आख्याएँ छपी होने पर भ्रम उत्पन्न होने लगता है। अतः उपयोक्ताओं की सुविधा की दृष्टि से यह आवश्यक है कि इन समस्त कृतियों को एक साथ व्यवस्थित किया जाये तथा ग्रन्थालय प्रसूची का भी यह महत्वपूर्ण कार्य एवम् उद्देश्य है कि ऐसी कृतियों के संलेखों को प्रसूची में एक साथ व्यवस्थित करे तथा उनके अभिज्ञान में सहायक सिद्ध हो। इस उद्देश्य की पूर्ति हेतु ऐसे ग्रन्थों के सम्बन्ध में **समरूप आख्या** (Uniform Title) का प्रावधान किया गया है तथा समरूप आख्या से सम्बन्धित प्रसूचीकरण के नियमों का प्रावधान करके समस्या का हल प्रस्तुत किया गया है।

इस प्रकार हम कह सकते हैं कि **समरूप आख्या** एक विशिष्ट आख्या होती है जिससे विविध आख्याओं के अन्तर्गत दृष्टिगत होने वाली कृति प्रसूचीकरण करने के उद्देश्य से पहचानी जाती है। यह परम्परागत सामूहिक आख्या भी होती है जिसका उपयोग किसी लेखक अथवा समष्टि निकाय की कई कृतियाँ अथवा कई कृतियों के उद्धरण से निर्मित कृतियों के संलेखों को प्रसूची में एक स्थान पर लाने के लिए किया जाता है। समरूप आख्या का उद्देश्य एक लेखक की ऐसी कृतियों के संलेखों को जिनमें एक विशिष्ट साहित्यिक स्वरूप की कई कृतियाँ अन्तर्निहित हैं प्रसूची में एक स्थान पर एकत्रित करने के साथ-साथ एक ही कृति में विभिन्न संस्करणों की विभिन्न

आख्याएँ होने के कारण प्रसूची में संलेखों का विखराव भी रोकना है। इस प्रकार समरूप आख्या एक ऐसी कृति के समस्त प्रसूची संलेखों को एक स्थान पर लाने का एक साधन भी है। **उदाहरण**–1

एक ही प्रकरण की विभिन्न आख्याएँ

Entertainments of Arabian Nights

The stories of Arabian Nights

Sindbad the Sailor

Alibaba and forty thieves

Alladin and the magic lamp

इन सभी आख्याओं की एक **समरूप आख्या** Arabian Nights होगी।

## चयन एवम् उपकल्पन (Choice and Rendering)

एएसीआर-2 में समरूप आख्या से सम्बन्धित आधारभूत नियम यह है कि उस कृति के लिए जिसकी अभिव्यक्ति कई आख्याओं में की गई है इसके लिए एक आख्या का चयन किया जाता है। प्रसूची संलेख बनाते समय समरूप आख्या को विशिष्ट आख्या से पूर्व रखा जाता है। इसे समझने के लिए हम चारों वेदों – Atharvaveda, Rigveda, Samveda and Yajurveda का **उदाहरण** ले सकते हैं।

Vedas : Atharvaveda,

Vedas : Rigveda,

Vedas : Samveda

Vedas : Yajurveda

इसी प्रकार **उदाहरण**-1 में दी गई विभिन्न आख्याओं के लिए निम्न प्रकार चयन एवम् उपकल्पन किया जायेगा–

Arabian nights : Entertainments of Arabian Nights.

Arabian nights : The stories of Arabian Nights.

Arabian nights : Sindbad the sailor.

Arabian nights : Alibaba and forty thieves.

Arabian nights : Alladin and the magic lamp.

इसी प्रकार उपनिषदों में भी समरूप आख्या का चयन किया जाता है

Upanishads : Mandukyopanishad.

Upanishads : The Brihadaranyaka Upanishad.

Upanishads : Chandogya Upanishad.

Upanishads : Samnyasa Upanishad.

**समरूप आख्या के अन्य उदाहरण :**

समरूप आख्या के कुछ उदाहरण ऐसे भी होते हैं जो इनसे थोड़े भिन्न होते हैं। इनमें कुछ ऐसी आख्याएँ होती हैं जो उसी प्रकार नहीं जानी जाती हैं जिस प्रकार ग्रन्थ के मुखपृष्ठ पर अंकित होती हैं क्योंकि वे अपने लोकप्रिय नाम से अधिक जानी जाती हैं। ऐसे मामलों में मूल आख्या को आख्या उत्तरदायित्व क्षेत्र के लिए लोकप्रिय नाम के द्वारा परिवर्तित किया जाता है जैसे Hemlet by Shakespeare है। इस कृति की वास्तविक आख्या The tragical history of Hemlet, the prince of Denmark है। लेकिन कोई भी व्यक्ति इस ग्रन्थ को इसकी इतनी लम्बी आख्या से नहीं जानता है क्योंकि यह Hemlet नाम से ही अधिक लोकप्रिय है। यद्यपि इस मामले में साम्यरूपता मुख्य संलेख के आख्या क्षेत्र में बनाई गई है न कि शीर्षक में।

इसी प्रकार किसी लेखक के Collected Works या Selections में भी कुछ समरूप आख्या प्राप्त होती हैं जैसे –

Collected Works of Sean O. Casey की समरूप आख्या निम्न प्रकार होगी–

Casey, Sean O.

[Works]

Complete works of Sean O. Casey

## Ex. 67 : (उपनिषद् से सम्बन्धित समरूप आख्या)

**Samnyasa Upanishad**

Commentrated by
T.R. Chintamani

Adyar Library and
Research Centre
Madras

---

**Other informations :**

| | | |
|---|---|---|
| Call Number | : | 294.59218 CHI |
| Acc. Number | : | 6065 |
| Year | : | 1929 |
| Page and Size | : | 296; 23 cm. |

## ग्रन्थात्मक विवरण का विश्लेषण

1. चूँकि यह उपनिषद् से सम्बन्धित ग्रन्थ है इसलिए इसका प्रसूचीकरण समरूप आख्या की तरह किया जायेगा। इस प्रकार नियम के अनुसार समरूप आख्या का चयन एवम् उपकल्पन निम्न प्रकार होगा–

   **Upanishads : Samnyasa Upanishad.**

2. साथ में लेखक का नाम भी दिया हुआ है इसलिए यह नाम उत्तरदायित्व क्षेत्र में लिखा जायेगा।
3. लेखक के नाम तथा आख्या के लिए इतर संलेख निर्मित किए जायेंगे।

## मुख्य संलेख

| | | |
|---|---|---|
| 294.59218<br>CHI | Upanishads : Samnyasa upanishad | |
| 6065 | | Samnyasa upanishad/commentrated by T.R. Chintamani · –Madras : Adyar Library and Research Centre, 1929.<br>296p.; 23 cm.<br>I. Chintamani, T.R. II. Title |

**नोट** – चूँकि इसका विषय भी उपनिषद् होगा इसलिए इतर संलेख (विषय) नहीं बनाई जायेगी इसलिए उसका उल्लेख संकेतन क्षेत्र में भी नहीं किया जायेगा।

## इतर संलेख (व्याख्याकार)

| | | |
|---|---|---|
| 294.59218<br>CHI | | Chintamani, T.R.<br>Upanishads : Samnyasa upanishad. |
| | | Samnyasa upnishad/commentrated by T.R.<br>(Rest as in the main entry) |

## इतर संलेख (आख्या)

| | | |
|---|---|---|
| 294.59218<br>CHI | | Samnyasa upanishad<br>Upanishads : Samnyasa upanishad. |
| | | Samnyasa upnishad/commentrated by T.R.<br>(Rest as in the main entry) |

Ex. 68 : (महाभारत से सम्बन्धित समरूप आख्या)

## Bhagavadgita

Translated from Sanskrit

by

S. Radhakrishnan

(Second edition)

TMH Publications

New Delhi

---

**Other informations**

| | | |
|---|---|---|
| Call Number | : | 294.5924 RAD |
| Acc. Number | : | 6025 |
| Date | : | 1985 (Copyright year) |
| Pages | : | xi, 260 |
| Size | : | 22.6 cm. |

## ग्रन्थात्मक विवरण का विश्लेषण

1. चूँकि हम जानते हैं कि भागवद्गीता, महाभारत महाकाव्य का ही एक भाग है तथा यह एक धार्मिक ग्रन्थ है। इसलिए यह समरूप आख्या का उदाहरण है। अतः उसके लिए चयन एवम् उपकल्पन निम्न प्रकार होगा –

   **Mahabharat : Bhagavadgita**

2. उत्तरदायित्व विवरण क्षेत्र में Translated from Sanskrit by S. Radhakrishnan लिखा जायेगा।
3. इसका संस्करण भी दिया हुआ है।
4. इसका प्रकाशन वर्ष कापीराइट वर्ष है इसलिए **c1985** लिखा जायेगा।
5. आकार 22.6 सेमी दिया हुआ है। नियम के अनुसार उसे अगले पूरक अंक अर्थात 23 सेमी लिखा जायेगा।

## मुख्य संलेख

| | | |
|---|---|---|
| 294.5924<br>RAD | Mahabharat : Bhagavadgita | |
| 6025 | | Bhagavadgita/translated from Sanskrit by S. Radhakrishnan · – 2nd ed · – New Delhi : TMH Publications, c1985<br>xi, 260p.; 23 cm.<br>I. Radhakrishnan,S. II.Title |

## इतर संलेख (अनुवादक)

| | | |
|---|---|---|
| 294.5924<br>RAD | | Radhakrishnan, S.<br>Mahabharat : Bhagavadgita |
| | | Bhagavadgita/translated from Sanskrit by S.<br>(Rest as in the main entry) |

**नोट** – यहाँ अनुवादक संलेख बनाने की दो शर्तें पूर्ण हो रही हैं उनमें से एक कि मुख्य संलेख आख्या से बनाई गई है तथा दूसरी कि ग्रन्थ का अनुवाद स्वयं में महत्वपूर्ण है। इसलिए अनुवादक संलेख बनाई गई है।

## इतर संलेख (आख्या)

| | | |
|---|---|---|
| 294.5924<br>RAD | Mahabharat : Bhagavadgita | Bhagavadgita |
| | | Bhagavadgita/translated from Sanskrit by S.<br>(Rest as in the main entry) |

चूँकि ग्रन्थ की आख्या मात्र Bhagavadagita है लेकिन मुख्य संलेख Mahabharata : Bhagavadgita से बनाई गई है। इसलिए जो उपयोक्ता Bhagavadgita से देखना चाहता है उसके लिए **देखें सन्दर्भ** (संलेख) भी बनाई जायेगी जो निम्न प्रकार होगी।

## देखें सन्दर्भ (संलेख)

| | | |
|---|---|---|
| | Bhagavadgita | |
| | | See<br>Mahabharat : Bhagavadgita |

## Ex. 69 : (वेदों से सम्बन्धित समरूप आख्या)

**Rig-Veda**
**Bhasya Samgraha**

by
Shiv Shanker Sharma
(Commentator)

Motilal Banarasidas
Delhi
1960

---

**Other informations :**

Call Number : 294.59212 SHA
Acc. Number : 1036
Pages : xx, 360
Size : 23 cm.

## ग्रन्थात्मक विवरण का विश्लेषण

1. चूँकि यह धार्मिक ग्रन्थ है तथा वेदों का एक भाग है इसलिए समरूप आख्या से सम्बन्धित है इसलिए आख्या का उपकल्पन निम्न प्रकार किया जायेगा– **Vedas : Rigveda**
2. साथ में Commentator भी है जिसका उल्लेख उत्तरदायित्व क्षेत्र में किया जायेगा।
3. अन्य कोई खास बात नहीं है।
4. दो इतर संलेख Commentator तथा Title के लिए बनाई जायेंगी।
5. चूँकि इसका विषय ग्रन्थ की आख्या के समान है इसलिए इतर संलेख (विषय) नहीं बनाई जायेगी और ना ही इसका उल्लेख संकेतन क्षेत्र में किया जायेगा।
6. यदि आवश्यक समझें तो **देखें सन्दर्भ** (संलेख) बनाई जा सकती है।

## मुख्य संलेख

| 294.59212<br>SHA | Vedas : Rigveda |
|---|---|
| 1036 | Rig-veda bhasya samgraha/by Shiv Shanker Sharma · – Delhi : Motilal Banarasidas, 1960.<br>xx, 360.; 23 cm.<br>I. Sharma, Shiv Shanker II.Title |

## इतर संलेख (व्याख्याकार)

| | | |
|---|---|---|
| 294.59212<br>SHA | | Sharma, Shiv Shanker<br>Vedas : Rigveda |
| | | Rig-veda bhasya samgraha/by Shiv Shanker<br>(Rest as in the main entry) |

## इतर संलेख (आख्या)

| | | |
|---|---|---|
| 294.59212<br>SHA | | Rig-veda bhasya samgraha<br>Vedas : Rigveda |
| | | Rig-veda bhasya samgraha/by Shiv Shanker<br>(Rest as in the main entry) |

## देखें सन्दर्भ (संलेख)

| | | |
|---|---|---|
| | | Rig-Veda Bhasya Samgraha |
| | | *See*<br>Vedas : Rigveda |

**नोट** – ध्यान रहे देखें सन्दर्भ (संलेख) इतर संलेख नहीं होती है इसलिए इसमें न तो क्रामक अंक लिखा जायेगा और न Rest as in the main entry लिखा जायेगा।

Ex. 70 : (बाइबिल के ओल्ड टेस्टामेंण्ट से सम्बन्धित समरूप आख्या)

**An Introduction to Old Testament**
**Prophets**

by
H.E. Freeman
Cooperated with
S.K. Jones

Wiley Publications
New York
1957

---

**Other informations :**

Call Number : 224 FRE

Acc. Number : 9661

Pages and Size : x, 314; 23 cm.

1. The year of publication is copyright year.
2. This is the first edition of the book.

## ग्रन्थात्मक विवरण का विश्लेषण

1. यह Bible से सम्बन्धित समरूप आख्या है। एएसीआर-२ में बाइबिल के विभिन्न संस्करणों एवम् संग्रहों जैसे OT (Old Testament) तथा NT (New Testament) से सम्बन्धित नियम प्रस्तुत हैं। इस प्रकार नियम के अनुसार आख्या का चयन एवम् उपकल्पन निम्न प्रकार होगा–

   **Bible : O.T. Prophets**

2. उत्तर दायित्व विवरण क्षेत्र में by H.E. Freeman cooperated with S.K. Jones लिखा जायेगा।
3. प्रकाशन वर्ष कापीराइट वर्ष है इसलिए **c1957** लिखा जायेगा।
4. चूँकि ग्रन्थ का प्रथम संस्करण है लेकिन प्रथम संस्करण का कोई अंकन नहीं किया जाता है।
5. अन्य कोई खास बात नहीं है।

## मुख्य संलेख

| | | |
|---|---|---|
| 224<br>FRE | | Bible : O.T. Prophets |
| 9661 | | An introduction to old testament prophets by H.E. Freeman cooperated with S.K. Jones . – New York : Wiley Publications, c1957.<br>x, 314p.; 23 cm.<br>I. Freeman, H.E. II.Title |

**नोट** – ग्रन्थ लेखन में किसी भी प्रकार का सहयोग करने वाले का संलेख बनाया जाता है लेकिन कम सहयोग करने वाले के लिए कोई इतर संलेख नहीं बनाया जाता है यहाँ Freeman का सहयोग S.K. Jones ने किया है

इसलिए S.K. Jones के नाम से कोई संलेख नहीं बनाया जायेगा और ना ही उसका संकेतन क्षेत्र में उल्लेख किया जायेगा।

## इतर संलेख (लेखक)

| 224<br>FRE | Bible | Freeman, H.E.<br>: O.T. Prophets |
|---|---|---|
| | | An introduction to old testament prophets/H.E.<br>(Rest as in the main entry) |

## इतर संलेख (आख्या)

| 224<br>FRE | Bible | An introduction to old testament prophets<br>: O.T. Prophets |
|---|---|---|
| | | An introduction to old testament prophets/H.E.<br>(Rest as in the main entry) |

## देखें सन्दर्भ (संलेख)

यदि प्रसूचीकार आवश्यक समझें तो देखें सन्दर्भ (See Reference) उसी प्रकार बना सकते हैं जैसे पिछले उदाहरणों में बनाई गई है।

## Ex.71 : (बाइबिल के New Testament से सम्बन्धित समरूप आख्या)

**The Parables of Jesus in Mathew**

by

J.D. Stevenson

Johan Wiley Press

Washington

USA.

Third edition

---

**Other informations :**

| | | |
|---|---|---|
| Call Number | : | 226.2 STE |
| Acc. Number | : | 4332 |
| Date | : | 1965 |
| Pages & size | : | x, 180; 22cm. |

## ग्रन्थात्मक विवरण का विश्लेषण

1. नियम **25.18 A2** के अनुसार New Testament को N.T. प्रविष्ट करने का संकेत करता है इसलिए इसके लिए शीर्षक का उपकल्पन निम्न प्रकार होगा–

   **Bible : N.T. Mathew**

2. अन्य कोई खास बात नहीं है।
3. हाँ संस्करण विवरण देना है।

## मुख्य संलेख

| | | |
|---|---|---|
| 226.2<br>STE | Bible : N.T. Mathew | |
| 4332 | | The parables of Jesus in Mathew/by J.D. Stevenson · – 3rd ed · – Washington : John Wiley Press, 1965<br>x, 180p.; 22cm.<br>1. Jesus–parables I.Stevenson, J.D. II.Title |

## इतर संलेख (विषय)

| | | |
|---|---|---|
| 226.2<br>STE | | JESUS-PARABLES<br>Bible : N.T. Mathew |
| | | The parables of Jesus in Mathew/by J.D. Stevenson<br>(Rest as in the main entry) |

## इतर संलेख (विषय)

| | | |
|---|---|---|
| 226.2<br>STE | Bible | The parables of Jesus in Mathew<br>: N.T. Mathew |
| | | The parables of Jesus in Mathew/by J.D. Stevenson<br>(Rest as in the main entry) |

Ex. 72: (बाइबिल के Old Testament से सम्बन्धित समरूप आख्या)

**The Song of Songs**

Commentary and Homilies

Translated and annotated

by

R.P. Lawson

Newman Press

Westminister, Madison

1957

---

**Other informations :**

| | | |
|---|---|---|
| Call Number | : | 224 LAW |
| Acc. Number | : | 3079 |
| Pages | : | 385 |
| Size | : | 23 cm. |

1. **The Song of Songs** refers to the Song of Solomon is the Old Testament.

## मुख्य संलेख

| | | |
|---|---|---|
| 224<br>LAW | Bible : O.T. | |
| 3079 | The song of Soloman : commentary and homilies/translated and annotated by R.P. Lawson · – Westminster, Madison : Newman Press, 1957.<br>385p.; 23 cm.<br>I.Lawson, R.P. II.Title | |

## इतर संलेख (अनुवादक)

| | | |
|---|---|---|
| 224<br>LAW | Lawson, R.P.<br>Bible : O.T. | |
| | The song of Soloman : commentary and homilies/<br>(Rest as in the main entry) | |

## इतर संलेख (आख्या)

| | | |
|---|---|---|
| 224<br>LAW | | The song of Soloman<br>Bible : O.T. |
| | | The song of Soloman : commentary and homilies/<br>(Rest as in the main entry) |

## देखे सन्दर्भ (आख्या)

| | | |
|---|---|---|
| | The song of songs | |
| | | *See*<br>The song of Soloman |

**********

# 12

# सामयिकी प्रकाशन
# (Periodical Publications)

सामयिकी प्रकाशन अनुसंधान के मुख्य स्तम्भ होते हैं। विशिष्ट ग्रन्थालयों के उपयोक्ता अपने विषय-क्षेत्र में हो रहे नवीन विकासों से परिचित होने के लिए सामयिकी प्रकाशनों पर ही मुख्य रूप से निर्भर रहते हैं क्योंकि वर्तमान वैज्ञानिक युग में दिन प्रतिदिन के आविष्कारों तथा अनुसंधानों से सम्बन्धित नवीन एवम् सामयिक जानकारी सामयिकी प्रकाशनों के माध्यम से ही प्राप्त होती है। पुस्तकों, ग्रन्थों आदि में केवल इनके प्रकाशन के पूर्व तक की ही विषय-सामग्री का समावेश होता है परन्तु सामयिकी प्रकाशनों में अद्यतन एवम् सामयिक सामग्री निहित होती है। परिणामतः सामयिकी प्रकाशनों की महत्ता एवम् उपादेयता को देखते हुए ग्रन्थालयों एवम् अनुसंधान केन्द्रों में इनके संकलन पर विशेष ध्यान दिया जा रहा है तथा ग्रन्थालयों में इनका वैज्ञानिक ढंग से व्यवस्थापन करना आज की आवश्यकता बन गई है।

सामयिकी प्रकाशन अनेक खण्डों में प्रकाशित अनेक लेखकों के आलेखों से युक्त होता है तथा इसकी एक विशिष्ट आख्या होती है और इसके क्रमिक अंकों अथवा खण्डों को निश्चित अवधि पर प्रकाशित किया जाता है। इस प्रकार क्रमिक भागों में प्रायः नियमित अवधि में विशिष्ट अंक संख्या सहित प्रकाशित किये जाने वाले एवम् नियमित रूप से अनिश्चित काल तक चलने वाले प्रकाशन को **सामयिकी प्रकाशन** कहते हैं। सामयिकी प्रकाशन के अन्तर्गत **पत्रिकाएँ** (Periodicals) तथा **धारावाहिक** (Serials) दोनों ही आते हैं।

एएसीआर-2 के अनुसार सामयिकी प्रकाशन इस प्रकार परिभाषित किया गया है– **ऐसा प्रकाशन जो अनिश्चित काल तथा नियमित अथवा निश्चित अन्तराल सामान्यतया एक वर्ष में एक बार से अधिक बार के पश्चात् प्रकाशित होता है अथवा प्रकाशित होने के लिए अभिप्रेय होता है।**

हम रोजाना सम्भवतया कोई मैंगजीन पढ़ते हैं ये सभी धारावाहिक होते हैं इनमें से कुछ धारावाहिक, पत्रिकाएँ, सामयिकियाँ तथा मैगजीन

कहलाते हैं। एएसीआर-2 में अनेक प्रकाशन जैसे कि समाचार-पत्र, वार्षिकी, संस्मरण, कार्यवाहियाँ, सामयिकी प्रकाशन कहलाते हैं।

## सामयिकी प्रकाशनों का प्रसूचीकरण (Cataloguing of Periodical Publications)

सामयिकी प्रकाशनों के प्रकाशन में आने वाली जटिलताओं के कारण इनके प्रसूचीकरण में अनेक समस्याएँ आती हैं क्योंकि इनके सम्बन्ध में कुछ भी स्थायी नहीं होता है। प्रायः इनकी आख्याओं में परिवर्तन एवम् भिन्नता होती रहती है। इनके आकार-प्रकार, पृष्ठ संख्या, आवधिकता तथा इनके प्रायोजक निकाय (Sponsoring Body) आदि में भी परिवर्तन हो जाता है अथवा कोई एक सामयिकी किसी अन्य सामयिकी को अपने में मिला लेता है अथवा दो सामयिकी किसी एक में एकीकृत हो जाते हैं। कभी उनके पूरक प्रकाशित होते हैं। इन सभी परिवर्तनीय स्थितियों के कारण सामयिकी प्रकाशनों के प्रसूचीकरण में अनेक कठिनाइयाँ प्रसूचीकार के समक्ष आती हैं जिनके कारण सामयिकी प्रकाशनों का प्रसूचीकरण कार्य सामान्य ग्रन्थों की अपेक्षा अधिक जटिल, बौद्धिक एवम् श्रमसाध्य कार्य बन गया है।

## 11(अ) मुख्य संलेख (Main Entry)

सामयिकी प्रकाशनों के प्रसूचीकरण हेतु सामयिकी का मुखपृष्ठ अथवा मुखपृष्ठ का कोई अनुकल्प (Substitute) मुख्य संलेख हेतु प्रमुख सूचना स्रोत होता है। मुख्य संलेख में निम्न क्षेत्र होते हैं –

**11(अ).1 वर्ग संख्या क्षेत्र** – ग्रन्थों के मुख्य संलेख में जिस प्रकार ग्रन्थ वर्ग संख्या अंकित की जाती है उसी प्रकार सामयिकी प्रकाशन की भी वर्ग संख्या हासिये के अन्दर अग्र रेखा पर अंकित की जाती है। वैसे एएसीआर-2 में इस क्षेत्र का प्रावधान नहीं किया गया है।

**11(अ).2 आख्या एवम् दायित्व विवरण का क्षेत्र** – सामयिकी प्रकाशन की मुख्य आख्या को ग्रन्थों की भाँति ही उपकल्पित किया जाता है तथा उत्तरदायित्व से सम्बन्धित व्यक्तियों अथवा निकायों का उपकल्पन किया जाता है।

यदि आख्या के साथ उत्तरदायित्व का विवरण लघु या पूर्ण रूप में आ चुका है तो उसे उत्तरदायित्व विवरण के क्षेत्र में तभी पुनः अंकित किया जाता है जबकि सामयिकी के मुखपृष्ठ पर पुनः अलग से दिया गया हो।

उत्तरदायित्व विवरण के क्षेत्र में धारावाहिक के सम्पादकों का नाम कभी भी नहीं दिया जाता है जैसा कि ग्रन्थों के मामले में दिया जाता है और यदि आवश्यक समझा जाये तो उसे टिप्पणी क्षेत्र में दिया जा सकता है।

**11(अ).3 संस्करण क्षेत्र** – आख्या एवम् दायित्व विवरण के बाद फुलस्टाप स्पेस डैस (· –) लगाकर संस्करण विवरण अंकित किया जाता है। संस्करण विवरणों में पुस्तकों की भाँति संस्करण की संख्या न लिखी जाकर संस्करण की विशेषता अंकित की जाती है कि संस्करण किस विशेषता से युक्त है। **उदाहरण** –

| | |
|---|---|
| Southern ed. | English ed. |
| Library ed. | German ed. |
| Microfrom ed. | Reprint ed. |
| Braille ed. | 2nd ed. |

**11(अ).4 आंकिक या अनुवर्णिक, कालक्रम अथवा अन्य पदनाम क्षेत्र** –

संस्करण विवरण के पश्चात् फुलस्टाप, स्पेश, डैस, स्पेस (· – ) लगाने के बाद **नियम 12.3B1** के अनुसार सामयिकी प्रकाशन (धारावाहिक) के प्रथम अंक का आंकिक अथवा अनुवर्णिक पद अंकित करते हैं जैसे Vol.1, no.1 (1878).

यदि सामयिकी निरन्तर प्रकाशित हो रहा है तो प्रथम अंक का आंकिक विवरण लिखने के पश्चात डैस लगाकर 4 अक्षर का स्थान खाली छोड़कर प्रकाशन विवरण क्षेत्र प्रारम्भ कर देते हैं लेकिन उससे पहले फुलस्टाप, स्पेस, डैस, स्पेस (· – ) लगाते हैं जैसे Vol.1, no.1 (1980)- · – Agra : Students Friends, 1980.

यदि सामयिकी का प्रकाशन बंद हो गया है तो प्रथम अंक का आंकिक विवरण लिखने के पश्चात डैस लगाकर अन्तिम खण्ड का विवरण प्रकाशन वर्ष सहित लिखते हैं जैसे Vol.1, no.1 (1950) – v.10, no.4 (1960)

**11(अ).5 प्रकाशन/विवरण क्षेत्र** – उपरोक्त क्षेत्र के बाद फुलस्टाप, स्पेस तथा डैस लगाकर नियम **12.4D1** के अनुसार प्रकाशन स्थान तथा प्रकाशक का नाम लिखा जाता है। यदि प्रकाशक का नाम ज्ञात नहीं है तो वितरक का नाम अंकित किया जाता है। जैसे – New York : The Association.

**नियम 12.4 F1** के अनुसार प्रकाशक के नाम के पश्चात् प्रकाशन

वर्ष पुनः लिखा जाता है। यदि सामयिकी प्रकाशन के प्रथम अंक तथा अन्तिम अंक के वर्ष दिये हों तो दोनों हायफन लगाकर लिखे जाते हैं। जैसे–

New York : The Association, 1943.

New York : The Association, 1943-53.

**11(अ).6 भौतिक विवरण क्षेत्र** – सामयिकी प्रकाशन के भौतिक विवरण से सम्बन्धित विभिन्न प्रकार की सूचनाओं को निम्न प्रकार से इस क्षेत्र में अंकित करते हैं। यह क्षेत्र द्वितीय शीर्ष से प्रारम्भ होता है। प्रायः सामयिकी प्रकाशन से सम्बन्धित अन्य भौतिक विवरण में प्रकाशन की ऊँचाई होती है।

**उदाहरण**– 58v.

36v. : illus. (some col.)

72v. : ill : 25 cm. + 18 maps (col.; 65×90 cm)

**11(अ).7 ग्रन्थमाला क्षेत्र** – भौतिक विवरण क्षेत्र के बाद, फुलस्टाप, स्पेश तथा डैस लगाने के बाद लघु कोष्ठक में ग्रन्थमाला का नाम, सेमी कोलन लगाकर उसकी संख्या लिखी जाती है। **उदाहरण**–

(Library science publication; no.6)

**11(अ).8 टिप्पणी क्षेत्र** – सामयिकी प्रकाशन से सम्बन्धित अन्य किसी भी प्रकार की टिप्पणी इस क्षेत्र में अंकित की जाती है। सर्वप्रथम प्रकाशन की आवधिकता (Periodicity) अंकित की जाती है जो निम्न प्रकार से अंकित की जाती है। **उदाहरण** –

| | | |
|---|---|---|
| Weekly | Quarterly | Irregular |
| Issued twice a month | Half yearly | Frequency varies |
| Monthly | Annual | |

यदि सामयिकी की आवधिकता सामयिकी की आख्या में ही निहित है तो इसे पुनः अंकित करने की आवश्यकता नहीं होती है। इसके अतिरिक्त अन्य टिप्पणियाँ भी होती हैं उनमें से कुछ प्रमुख निम्न हैं –

(क) **धारावाहिक की भाषा :**

जैसे– Text in English and Hindi.

(ख) **मुख्य आख्या का स्रोत :**

जैसे– Title proper is taken from masthead.

Title proper is taken from editorial pages.

**(ग) अन्य धारावाहिकों से सम्बन्ध (यदि कोई हो)**

जैसे– Translation of : Bledans be monde

**(घ) निरंतरता (Continuation)** – यदि कोई धारावाहिक अपना नाम बदललेता है तो उसे टिप्पणी क्षेत्र में इस प्रकार लिखते हैं–

Continues : Journal of Applied Mathematics

**(ङ) द्वारा जारी (Continued by)** – यदि कोई धारावाहिक अपना नाम बदल लेता है तब इस बदले हुए नाम से दूसरा मुख्य संलेख बनाया जाता है जिसके टिप्पणी क्षेत्र में Continued by शब्द लिखकर पूर्व वाले धारावाहिक का नाम लिखते हैं।

**(च) विलय** – यदि प्रकाशन दो या दो से अधिक सामयिकियों के आपस में विलय से बना है तो निर्मित सामयिकी के टिप्पणी क्षेत्र में उस सूचना को निम्न प्रकार से अंकित करते हैं। जैसे–

Merger of: British abstracts. B1, Chemical engineering, fuels metallurgy, applied electrochemistry, B2, Industrial organic chemistry

यदि प्रकाशन एक या एक से अधिक प्रकाशनों के साथ विलय हो गया हो तथा एक नयी आख्या की पृथक सामयिकी निर्मित हुई हो तो उन सामयिकियों के नाम जिसके साथ इसका विलय हुआ है तथा नये सामयिकी की आख्या निम्न प्रकार देते है। **जैसे–**

Merged with : Journal/British Ceramic Society, to become : Transactions and Journal of the British Ceramic Society.

**(छ) विभाजन (Splitting)** यदि कोई प्रकाशन पूर्व चल रहे (प्रकाशित हो रहे) धारावाहिक के दो या दो से अधिक भागों में विभाजन से निर्मित हुआ है तो जिस धारावाहिक का विभाजन हुआ है उसका नाम टिप्पणी क्षेत्र में अंकित करते हैं तथा विभाजन से निर्मित अन्य धारावाहिकों के नाम भी टिप्पणी क्षेत्र में अंकित करते हैं। जैसे–

Continues in part : Proceedings/the Institution of mechanical engineerings.

यदि दो या दो से अधिक धारावाहिकों में विभाजन हुआ है तो इन सभी के नाम टिप्पणी क्षेत्र में अंकित करते हैं। **जैसे–**

Split into : Report on research and development/Department

of energy and : Report on research and development/Department of Industry.

यदि कोई प्रकाशन अन्य किसी प्रकाशन से अलग होता है तो टिप्पणी क्षेत्र में उस प्रकाशन का नाम भी अंकित किया जाता है जिससे वह पृथक हुआ है। जैसे – Separated from : Journal of research and development.

(ज) **विलयन/अंतर्विलयन** – यदि कोई प्रकाशन किसी अन्य प्रकाशन का अपने में विलयन करता है तो टिप्पणी क्षेत्र में विलय होने वाले प्रकाशन का नाम तथा विलयन का वर्ष अंकित करते हैं। **जैसे** –

Absorbed : Metals technology ; and in part : Mining and metallurgy.

यदि कोई प्रकाशन किसी अन्य प्रकाशन द्वारा विलयित किया गया है तो टिप्पणी क्षेत्र में उस प्रकाशन का नाम अंकित करते हैं जिसके द्वारा विलयित किया गया है। जैसे–

Absorbed by : Quarterly journal of mechanics.

(झ) **सम्पूरक संस्करण** – यदि प्रकाशन मुख्य प्रकाशन का पूरक या सहायक संस्करण है तो मुख्य संस्करण का नाम टिप्पणी क्षेत्र में अंकित करते हैं **जैसे**–

English ed of : Bulletin critique du livie francais

यदि मुख्य संस्करण की आख्या उपलब्ध न हो तो सामान्य तरह से सीधा अंकित करते हैं जैसे–

Translation of French edition.

(ञ) **प्रकाशन/वितरण** – यदि प्रकाशन एवम् वितरण में भिन्नताएँ हों तो ऐसे किसी भी परिवर्तन आदि से सम्बन्धित सूचना टिप्पणी क्षेत्र में अंकित की जाती है। जैसे–

No.4 Published in 1989, no.5 in 1972

**11(अ).9 आईएसएसएन संख्या तथा उपलब्धता की शर्तें क्षेत्र** – यदि प्रकाशन की अन्तर्राष्ट्रीय मानक धारावाहिक सख्या दी गई है तो उसे **नियम 1.8B** के अनुसार अंकित करते हैं। जैसे –

ISSN 0075–2363

**11(अ).10 संकेतन** – अतिरिक्त सम्भावित संलेखों के शीर्षक मुख्य संलेख में पूर्व अभ्यास के अनुसार ही व्यक्त करते हैं।

---

## Ex. 68 : (साधारण सामयिकी प्रकाशन)

**Journal**
**of**
**Indian Mathematical Society**

Editor
Dr. M. Ray

Pragati Prakashan
Meerut
1983

---

**Other informations :**

Call Number : Bm44,N83 (CC)

Size : 30 cm.

1. The journal is quarterly publication.
2. It completes one volume in a calender year.
3. The library subscribed it upto 2000 and then it was not published.

## मुख्य संलेख (Main Entry)

| | | |
|---|---|---|
| Bm44,N83 | Journal of Indian mathematical society · – V.1 (1983) | |
| | | –v.18 (2000) · – Meerut : Pragati Prakashan, 1983–2000 |
| | | 18v. |
| | | Quarterly |
| 369-387 | | Library has v.1 to 18 |
| | | 1.Mathematics-Periodical 2.Indian Mathe- |
| | matical Society | |
| | | ○ |

नोट – चूँकि सामयिकी का प्रकाशन सन् 2000 तक ही हुआ है इसलिए आंकिक या अनुवर्णिक पदनाम क्षेत्र में सन् 2000 में प्रकाशित होने वाले खण्ड संख्या के साथ लिखा जायेगा।

## अतिरिक्त संलेख (विषय)

| | | |
|---|---|---|
| | | MATHEMATICS-PERIODICAL |
| Bm44,N83 | Journal of Indian mathematical society · – V.1 (1983) | |
| | | (Rest as in the main entry) |

## अतिरिक्त संलेख (प्रायोजक निकाय)

| | | |
|---|---|---|
| | | Indian Mathematical Society |
| Bm44,N83 | Journal of Indian mathematical society · – Vol.1 | |
| | | (1983) |
| | | (Rest as in the main entry) |

Ex. 69 : (साधारण सामयिकी प्रकाशन)

**ARTHA VIJNANA**

Vol. 28 (No.4) December 1986

Journal
of the
Gokhale Institute of Politics and Economics
Poona (India)

Asia Publishing House
Bombay
1986

---

**Other informations :**

Call Number : Xm44, N59

Size : 26 cm.

1. The library subscribed all the volumes except volume 8.
2. The current volume is 28., and it is regularly being published.
3. Use includive notations for Accession Number and Book Numbers.

## ग्रन्थात्मक विवरण का विश्लेषण

1. धारावाहिक की क्रामक संख्या एवम् आख्या में कोई विशेष बात नहीं है।
2. धारावाहिक की वर्ग संख्या से ज्ञात हो रहा है कि इसका प्रकाशन N 59 अर्थात 1959 में प्रारम्भ हुआ था। इस प्रकार प्रस्तुत खण्ड संख्या 28, वर्ष 1986 प्रस्तुत की गई है। खण्ड संख्याओं की गणना निम्न प्रकार है –

| | |
|---|---|
| 1959 में Vol.1 | 1969 में Vol.11 |
| 1979 में Vol.21 | 1986 में Vol.28 |

3. मुखपृष्ठ पर Vol.28 (No.4) December, 1986 अंकित है इससे ज्ञात हो रहा है कि धारावाहिक की आवधिकता (Periodicity), तिमाही (Quarterly) है जो आवधिकता क्षेत्र में लिखी जायेगी।
4. ग्रन्थालय में खण्ड 8 उपलब्ध नहीं है इसका भी उल्लेख करना है।
5. चूँकि धारावाहिक निरन्तर प्रकाशित हो रहा है इसलिए पृष्ठांकन क्षेत्र में मात्र v लिखा जायेगा न कि 28 v.

## मुख्य संलेख

| | | |
|---|---|---|
| Xm44, N59 | Artha | vijnana/Gokhale institute of politics and |
| | | economics, Poona · – Vol.1 (1959) · – |
| | | Bombay : Asia Publishing House, 1959-1986. |
| 101-107 | | v.; 26 cm. |
| 109-128 | | Quarterly |
| | | Library lacks v.8 (1966) |
| | | 1. Economics–Periodical I. Gokhale Insitute |
| | of Po | litics and Economics. |
| | | ○ |

**नोट** – चूँकि सामयिकी निरन्तर प्रकाशित हो रहा है इसलिए आंकिक पद नाम क्षेत्र में प्रथम खण्ड का विवरण लिखने के बाद डैस लगाकर चार अक्षर का स्थान खाली छोड़ा गया है। उसके बाद प्रकाशन विवरण क्षेत्र प्रारम्भ किया गया है।

## अतिरिक्त संलेख – विषय

| | | |
|---|---|---|
| | | ECONOMICS-PERIODICALS |
| Xm44, N59 | Artha | Vijnana/Gokhale institute of politics and |
| | | economics, Poona.<br>(Rest as in the main entry) |

## अतिरिक्त संलेख – प्रायोजक निकाय

| | | |
|---|---|---|
| | | Gokhale institute of politics and economics, |
| Xm44, N59 | Artha | Vijnana/Gokhale institute of politics and |
| | | economics, Poona.<br>(Rest as in the main entry) |

Ex.70 : (साधारण सामयिकी प्रकाशन)

## American Journal of Mathematics

Edited by
J.H. Sampson
(and several others)

Published under the Auspicious of the
Johns Hopkins University
With the editorial cooperation of
American Mathematical Society

Volume 110 Number 5
October 1988

Johns Hopkins University Press
Baltimore, Maryland
USA

---

**Other informations :**

| | | |
|---|---|---|
| Call Number | : | 510.5 AME (In DDC) |
| Date of issue | : | 1878 |
| Size | : | 26 cm. |
| Periodicity | : | Six issues a year |

Library does not have volumes : 1–68.

## ग्रन्थात्मक विवरण का विश्लेषण

1. मुख्य संलेख हेतु शीर्षक के रूप में सामयिकी प्रकाशन की आख्या ली गई है यद्यपि सामयिकी समष्टि निकाय का प्रकाशन है। यदि कोई प्रकाशन प्रशासनिक प्रकृति का हो तथा समष्टि निकाय से सम्बन्धित हो तब ऐसी स्थिति में **नियम 21.1B2** के अनुसार मुख्य संलेख हेतु शीर्षक के रूप में **समष्टि निकाय** सहित चयन किया जाता है।
2. सामयिकी का सम्पादक दिया हुआ है एएसीआर-2 में सम्पादक का उल्लेख मुख्य संलेख में नहीं किया जाता है।
3. शीर्षक के बाद **फुलस्टाप, स्पेश, डैस** लगाकर **नियम 12.3B1** के अनुसार सामयिकी के प्रथम अंक का आंकिक तथा वर्णनात्मक पद प्रस्तुत किया जाता है। जैसे Vol.1 no.1 (1978). नियम के अनुसार प्रथम अंक की वर्ष को छोटे कोष्ठक के अन्तर्गत रखा जायेगा। चूँकि सामयिकी निरन्तर प्रकाशित हो रहा है इसलिए अन्तिम खण्ड का विवरण नहीं लिखा जायेगा।
4. इसके बाद **फुलस्टाप, स्पेश, डैस** लगाकर प्रकाशन स्थान तथा प्रकाशक का नाम अंकित किया जायेगा।
5. सामयिकी के प्रारम्भ होने के प्रकाशन वर्ष को पुनः **नियम12.4F1** के अनुसार प्रकाशन क्षेत्र में लिखा जायेगा।
6. इसके बाद खण्ड (Volume) के संकेत के रूप अँग्रेजी वर्णमाला का v अक्षर लिखकर अन्य विवरण के रूप में सामयिकी की ऊँचाई जो 26 cm दी हुई है लिखी जायेगी।
7. इसके बाद सामयिकी की आवधिकता (Periodicity) – **Six issues yearly** लिखी जायेगी।
8. ग्रन्थालय में कितने खण्ड सामयिकी के उपलब्ध हैं इस बात को भी **नियम 12-7B20** के अनुसार लिखा जायेगा।
9. इसके बाद संकेतन (Tracing) क्षेत्र में इतर संलेख हेतु संकेत किया जायेगा जिसमें विषय संलेख के बाद दो संलेखों का संकेत भी दिया जायेगा जो सामयिकी के संस्थापक एवम् प्रायोजक निकाय के नाम से निर्मित की जायेंगी।

## मुख्य संलेख (Main Entry)

| | | |
|---|---|---|
| 510.5<br>AME | American Journal of Mathematics · – Vol.1, no.1 | |
| | (1878) · – Baltimore : Johns Hopkins University Press, 1878.<br>v.; 26 cm.<br>Six issues yearly<br>Library has v. 69 (1944)<br>1. Mathematics-periodicals I.Johns Hopkins University II. American Mathematical Society.<br>○ | |

## इतर संलेख (विषय)

| | | |
|---|---|---|
| 510.5<br>AME | MATHEMATICS-PERIODICALS<br>American Journal of Mathematics · – Vol.1, no.1 | |
| | (Rest as in the main entry) | |

## इतर संलेख (संस्थापक)

| | | |
|---|---|---|
| 510.5<br>AME | Johns Hopkins University<br>American Journal of Mathematics · – Vol.1, no.1 | |
| | (Rest as in the main entry) | |

## इतर संलेख (द्वितीय संस्थापक)

| | | |
|---|---|---|
| 510.5<br>AME | American Mathematical Society<br>American Journal of Mathematics · – Vol.1, no.1 | |
| | (Rest as in the main entry) | |

## Ex. 71 : (सामयिकी प्रकाशन जिसका पूर्व नाम दूसरा था)

**Maharashtra**
**Quarterly Bulletion**
**of**
**Economics and Statistics**

Vol. 14, No.1
1961

Bureau of Economics & Statistics
Bombay

---

**Other informations :**

Call Number : 330.05 MAH

Size : 28 cm.

1. This journal was formerly published as Quarterly Bulletin of Economics and Statistics upto Volume 13. 1959.
2. Library is subscirbing its all the volumes regularly.

## ग्रन्थात्मक विवरण का विश्लेषण

1. मुख्य संलेख धारावाहिक की परिवतर्तित आख्या से निर्मित की जायेगी।
2. तथा इसके उत्तरदायित्व क्षेत्र में जिस खण्ड संख्या से यह वर्तमान धारावाहिक प्रकाशित होना प्रारम्भ हुआ है उसके वर्ष सहित अंकित किया जायेगा।
3. तथा चूँकि धारावाहिक अभी भी प्रकाशित हो रहा है इसलिए इस बात का उल्लेख नहीं किया जायेगा बल्कि उसके लिए 4 अक्षर का स्थान खाली छोड़ दिया जायेगा। जैसे –

   **V. 14, no.1 (1961) –          · –**
4. चूँकि धारावाहिक परिवर्तित नाम से प्रकाशित हो रहा है इसलिए इसके लिए निम्न लिखा जायेगा।

   Continues : Quarterly bulletion of economics and statistics.
5. उपलब्धि क्षेत्र में भी अन्तिम खण्ड एवम् उसका प्रकाशन वर्ष अंकित नहीं किया जायेगा क्योंकि ग्रन्थालय द्वारा धारावाहिक अब भी क्रय किया जा रहा है।

## मुख्य संलेख

| | | |
|---|---|---|
| 330.05<br>MAH | Maharastra quarterly bulletin of economics and statistics · – V.14, no.1 (1961)-     · – Bombay : Bureau of Economics and Statistics, 1960.<br>v. ; 28 cm.<br>Continues : Quarterly bulletin of economics and statisties.<br>Library has v.14 (1961)–<br>1. Economics-Periodicals I.Bureau of Economics and Statistics | |

## अतिरिक्त संलेख विषय

| | | |
|---|---|---|
| 330.05<br>MAH | | ECONOMICS-PERIODICALS<br>Maharastra quarterly bulletin of economics and statistics<br>(Rest as in the main entry) |

## अतिरिक्त संलेख (प्रायोजक निकाय)

| | | |
|---|---|---|
| 330.05<br>MAH | | Bureau of Economics and Statistics<br>Maharastra quarterly bulletin of economics and statistics<br>(Rest as in the main entry) |

## अन्य मुख्य संलेख

| | | |
|---|---|---|
| 330.05<br>MAH | | Quarterly bulletion of economics and statistics · –<br>V. 1, no.1 (1947) – v.13 (1959) · – Bombay : Bureau of economics and statistics, 1947.<br>13v.; 28 cm.<br>Library has v.1, no.1 (1947) – v.13 (1959)<br>Continued by : Maharashtra quarterly bulletion of economics and statistics.<br>○ |

नोट – इस मुख्य संलेख में **सामयिकी के पूर्व** नाम के खण्ड संख्या 13 तक ही उपलब्ध हैं इसलिए आंकिक पदनाम क्षेत्र में वह खण्ड संख्या भी लिखी गई है।

Ex. 72 : (सामयिकी प्रकाशन ने नाम परिवर्तित कर लिया है)

**Keesing's Record of World Events**

Edited by
Roger East

Vol. 39 (1988)

Longman

---

**Other informations :**

Call Number : 050 KEE
Periodicity : Monthly
Size : 26 Cm.
Date of first issue : 1950

1. Library has from Volume 8.
2. The present name of the serial is changed from Kessings Contemporary Archives in the year 1987.

## ग्रन्थात्मक विवरण का विश्लेषण

1. चूँकि वर्तमान सामयिकी की आख्या 1987 में बदली है इसलिए इसके आंकिक पद नाम क्षेत्र में 1987 में प्रकाशित खण्ड संख्या का उल्लेख किया जायेगा जिसकी गणना निम्न प्रकार है –

   1950 में Vol.1    1980 में Vol.31
   1960 में Vol.11    1986 में Vol.37
   1970 में Vol.21    1987 में Vol.38

   इस प्रकार सामयिकी की आख्या के बाद . – V.38 (1987) . – लिखा जायेगा।
2. इसमें उस सामयिकी का उल्लेख Continues के साथ किया जायेगा जिससे यह नाम परिवर्तित हुआ है।

## मुख्य संलेख

| | | |
|---|---|---|
| 050<br>KEE | Kessing's record of world events . – V.38, no.1 (1987)- | |
| | | – [London] : Longman, 1987<br>v. ; 26 cm.<br>Monthly<br>Continues: Keesing's contemporary archives.<br>Library has v.8 (1950)-<br>1. World events–Periodicals. |

**नोट** – सम्पादक का नाम मुखपृष्ठ पर दिया है पर एएसीआर-2 में संलेख में सम्पादक का नाम उल्लेख नहीं किया जाता है

## अतिरिक्त संलेख (विषय)

| | |
|---|---|
| 050<br>KEE | WORLD EVENTS–PERIODICALS<br>Kessing's record of world events · – V.38, no.1 (1987)- |
| | (Rest as in the main entry) |

## अतिरिक्त मुख्य संलेख

| | |
|---|---|
| 050<br>KEE | Kessing's contemporary archives · – V.1, no.1 (1950) |
| | – v37(1986) · – [London] : Longman, 1950-1986<br>37v., 26 cm.<br>Continued by : Keesing's record of world events. |

## Ex. 73 : (साधारण सामयिकी प्रकाशन)

**Journal of**
**Indian Council of Philosophical Research**

Editor
D.P. Khandelwal

Vol. 6, No.1
(Sept–Dec. 1988)

Indian Council of Philosophical Research
New Delhi

---

**Other informations :**

| | | |
|---|---|---|
| Call Number | : | 105 JOU (DDC |
| | | Rm44, N83 (CC) |
| Date of first issue | : | 1983 |
| Size | : | 24 Cm. |
| Periodicity | : | Three issues a year. |

1. Library has all the volumes.
2. The periodical is regularly published
3. Subscription department of the periodical is Motilal Banarasidas, Delhi.

## ग्रन्थात्मक विवरण का विश्लेषण

1. चूँकि धारावाहिक समष्टि निकाय से सम्बन्धित है इसलिये समष्टि निकाय को सम्मिलित रखते हुए आख्या उपकल्पित की जायेगी।

   Journal of Indian council of philosophical research.

2. धारावाहिक की आख्या के बाद प्रथम खण्ड का प्रथम अंक कब प्रारम्भ हुआ इसका उल्लेख किया जाता है लेकिन यह हमें नहीं दिया गया है। खण्ड संख्या से सम्बन्धित निम्न तथ्य दिया गया है इसी की सहायता से हमें प्रथम खण्ड का वर्ष निर्धारण करना पड़ता है। जैसे–

   Vol. VI, No.1 Sep-Dec. 1988
   Vol. V, No.1 Sep-Dec. 1987
   Vol. IV, No.1 Sep-Dec. 1986
   Vol. III, No.1 Sep-Dec. 1985
   Vol. II, No.1 Sep-Dec. 1984
   Vol. I, No.1 Sep-Dec. 1983

   इस प्रकार हमें खण्ड संख्या-1 का प्रकाशन वर्ष ज्ञात हो चुका है जो धारावाहिक की आख्या के बाद निम्न प्रकार अकिंत किया जायेगा।

   . – Vol.1, no.1 (1983)

3. प्रकाशन विवरण प्रारम्भ करने से पूर्व 4 अक्षर का स्थान खाली छोड़ा जायेगा।
4. धारावाहिक के लिए सम्पादक का कोई उल्लेख नहीं किया जाता है।
5. इसके बाद धारावाहिक के प्रकाशन का स्थान, नाम एवम् प्रकाशन वर्ष उसी प्रकार अंकित करते हैं जिस प्रकार किसी ग्रन्थ से सम्बन्धित करते हैं।
6. चूँकि अतिरिक्त सूचनाओं में वितरक का नाम भी दिया हुआ है उसे भी प्रकाशन विवरण के साथ ही सेमीकोलन के बाद अंकित किया जायेगा।

## मुख्य संलेख (Main Entry)

| | | |
|---|---|---|
| 105<br>JOU | Journal of Indian council of philosophical research · | |
| | – Vol. 1, no. 1 (1983) · – New Delhi : Indian Council of Philosophical Research · – Delhi : Motilal Banarasidass [Distributor], 1982.<br>v.; 24 cm.<br>Three issues a year<br>Library has v. 1 (1983) –<br>1. Philosophy–periodicals I. Indian Council of Philosophical Research | |

## इतर संलेख-विषय

| | | |
|---|---|---|
| 105<br>JOU | PHILOSOPHY-PERIODICALS.<br>Journal of Indian council of philosophical research | |
| | (Rest as in the main entry) | |

नोट– ध्यान रहे विषय संलेख में विषय का अंकन दीर्घ अक्षरों (Capitals) में किया जाता है।

## अतिरिक्त संलेख (समष्टि निकाय)

| | | |
|---|---|---|
| 105<br>JOU | Indian Council of Philosophical Research<br>Journal of Indian council of philosophical research | |
| | (Rest as in the main entry) | |

## Ex. 74 : (सामयिकी प्रकाशन जिसके कुछ खण्ड ग्रन्थालय में उपलब्ध नहीं है)

**The Law Quarterly Review**

Vol. 105
April 1989

Stevens & Sons
London
1885

---

**Other informations :**

| | | |
|---|---|---|
| Call Number | : | 340.05 LAW |
| | | z56m M85 |
| Size | : | 24 cm. |
| ISSN Number | : | 0023–933 |

1. The Library subscribed from Vol. 52 to 57 and then it is continued to subscribe from Vol. 65.
2. Use inclusive notations

## ग्रन्थात्मक विवरण का विश्लेषण

1. धारावाहिक के खण्डों की गणना निम्न प्रकार की जा सकती है –

| | |
|---|---|
| Vol.1 → 1885 | Vol. 57 → 1941 |
| Vol.51 → 1935 | Vol. 65 → 1949 |
| Vol.52 → 1936 | Vol. 105 → 1989 |

2. चूँकि इस धारावाहिक का प्रकाशन निरन्तर चल रहा है इसलिए आंकिक पदनाम क्षेत्र में चार अक्षर का खाली स्थान छोड़कर प्रकाशन स्थान अंकित किया जायेगा।
3. उपलब्धता क्षेत्र में जैसा दिया है उन्हीं खण्डों का उल्लेख किया जायेगा।

## मुख्य संलेख (Main Entry)

| | | |
|---|---|---|
| 340.05<br>LAW | The law quarterly review · – V.1, no.1 (1885) - | |
| | | · – London : Stevens & Sons, 1885<br>v.; 24 cm.<br>Library has v. 52 (1936)–v.57 (1941), v. 65 (1949)-<br>ISSN 0023-933<br>1. Law-Periodicals<br>○ |

## इतर संलेख (विषय) (Subject Added Entry)

| | | |
|---|---|---|
| 340.05<br>LAW | | LAW - PERIODICALS<br>The law quarterly review · – V.1, no.1 (1885)- |
| | | (Rest as in the main entry) |

## Ex. 75 : (सामयिकी प्रकाशन के नाम में परिवर्तन)

**Documentation and Information Science**
**Vol. 29 (1992)**

Quarterly
(March, June, September and December)

Published and sponsored by
Sarda Ranganathan Endowment
Banglore

---

**Other informations :**

| | | | |
|---|---|---|---|
| Call Number | : | 2:97m44, N64 | (CC) |
| | | 025.06 | (DDC) |
| ISSN | : | 0254-2553 | |
| Size | : | 27 cm (Earlier 24 cm) | |

1. The journal was previouslly published as **Documentation** Vol. 1-24, 1964–87.
2. The current number is 1 of Vol 29.
3. The library has all the volumes from volumes 25.

## ग्रन्थात्मक विवरण का विश्लेषण

1. सामयिकी आख्या एवम् प्रायोजक निकाय में कोई समस्या नहीं है।
2. सामयिकी की खण्ड संख्याओं की गणना निम्न प्रकार है –

| | |
|---|---|
| Vol.1 → 1964 | Vol. 24 → 1987 |
| Vol.11 → 1974 | Vol. 25 → 1988 |
| Vol.21 → 1984 | Vol. 29 → 1992 |

3. चूँकि सामयिकी निरन्तर प्रकाशित हो रहा था इसलिए आंकिक पद नाम क्षेत्र में 4 अक्षर का खाली स्थान छोड़कर प्रकाशन क्षेत्र प्रारम्भ किया जायेगा।
4. उपलब्धता क्षेत्र में भी खाली स्थान छोड़ दिया जायेगा।
5. टिप्पणी क्षेत्र में पूर्व में किस नाम से प्रकाशित हो रहा था उसका उल्लेख किया जायेगा।

## मुख्य संलेख

| | |
|---|---|
| 025.06 | Documentation and information science/Sarda Ranganathan Endowment · – Vol.25 (1988)- · – Banglore : Sarda Ranganathan Endowment, 1988.<br>v.; 27 cm.<br>Quarterly<br>Library has v. 25 (1988) –<br>Previously published as : Documentation v. 1-24 ; 1964-87.<br>ISSN 0254-2553<br>1. Documentation-Periodicals. 2. Library science-Periodicals. I. Sarda Ranganathan Endowment |

## इतर संलेख (विषय-1)

| | | |
|---|---|---|
| 025.06 | | DOCUMENTATION-PERIODICAL<br>Documentation and information science/Sarda... |
| | | (Rest as in the main entry) |

## इतर संलेख (विषय-2)

| | | |
|---|---|---|
| 025.06 | | LIBRARY SCIENCE-PERIODICALS<br>Documentation and information science/Sarda... |
| | | (Rest as in the main entry) |

## इतर संलेख (प्रायोजक निकाय)

| | | |
|---|---|---|
| 025.06 | | Sarda Ranganathan Endowment<br>Documentation and information science/Sarda... |
| | | (Rest as in the main entry) |

## Ex. 76 : (सामयिकी का नाम परिवर्तन तथा उसका दो सामयिकियों में विभाजन)

### Quarterly Journal of Mathematics.

1. The above journal was sponsored and published by Indian Mathematics Association (Dehli).
2. It was started in 1969 and completes one volume in a non calender year.
3. No volume was published during 1973/74.
4. The class number of the same is Bm44, N69.
5. In 1977, the title of the above journal was changed to **Quarterly Journal of Pure and Applied Mathematics.**
6. There is no change in the numbering of volumes.
7. In 1981, this gournal was splitted into two following journals which completed one volume in one calender year.

   (a) Quarterly Journal of Pure Mathematics (Bm44, N81)

   (b) Quarterly Journal of Applied Mathematics. (Bm44, N81)
8. Library has a complete set of both the journals from beginning to 1997.
9. Use inclusinve notations for accession numbers.

## मुख्य संलेख-1

| | | |
|---|---|---|
| Bm44, N69 | Quarterly journal of mathematics/sponsored by the | |
| | | Indian Mathematics Association (Delhi) · – V.1 (1969/70) – v.8(1976/77) · – London: Indian Mathematics Association, 1969/70-1976/77<br>8v.<br>V.5 (1973/74) not published<br>Continued by : Quarterly journal of pure and applied mathematics.<br>1. Mathematics–Periodicals I.Indian Mathematics Association (Delhi) |

## द्वितीय पत्रक

| | | |
|---|---|---|
| Bm44, N69 | Quarterly journal of pure and applied mathematics/spon- | |
| | | sored by Indian Mathematics Association (Delhi) · – V. 9 (1977/78)–v.11 (1979/80) · – London : Indian Mathematics Association, 1977/78–1979/80.<br>11v.<br>Continues : Querterly journal of mathematics/ sponsored by Indian Mathematics Association (Delhi).<br>Splitted into : Quartuly journal of pure mathematics; Quarterly journal of applied mathematics.<br>1. Pure mathamateics - Periodicals 2. Applied mathematics - Periodicals I. Indian mathematics Association (Delhi) |

## तृतीय पत्रक

| | | |
|---|---|---|
| Bm44, N81 | Quarterly journal of pure mathematics · – V. 1 (1981) | |
| 501–517 | | – v.17 (1997) · – [s.l.: s.n.], 1981-97.<br>17v.<br>Separated from : Quarterly journal of pure and applied mathematics.<br>1. Pure mathematics– Periodicals.<br>○ |

## चतुर्थ पत्रक

| | | |
|---|---|---|
| Bm44, N81 | Quarterly journal of applied mathematics · – V.1 | |
| 518-534 | | (1981) – v.17 (1997) · – [s.l.: s.n.], 1981-97.<br>17v.<br>Separated from : Quarterly journal of pure and applied mathematics.<br>1. Applied mathematics– Periodicals.<br>○ |

## प्रथम पत्रक

### अतिरिक्त संलेख (विषय)

| | | |
|---|---|---|
| Bm44, N69 | | MATHEMATICS-PERIODICALS<br>Quarterly Journal of mathematics/sponsored by the |
| | | (Rest as in the main entry) |

### अतिरिक्त संलेख (प्रायोजक निकाय)

| | | |
|---|---|---|
| Bm44, N69 | | Indian Mathematics Association (Delhi)<br>Quarterly journal of mathematics/sponsored by the |
| | | (Rest as in the main entry) |

## द्वितीय पत्रक

### अतिरिक्त संलेख (विषय)

| | | |
|---|---|---|
| Bm44, N69 | | PURE MATHEMATICS-PERIODICALS.<br>Quarterly journal of pure and applied mathematics. |
| | | (Rest as in the main entry) |

| | | |
|---|---|---|
| Bm44, N69 | | APPLIED-MATHEMATICS<br>Quarterly journal of pure and applied mathematics. |
| | | (Rest as in the main entry) |

## अतिरिक्त संलेख (प्रायोजक निकाय)

| | | |
|---|---|---|
| Bm44, N69 | Quarterly journal of pure and applied mathematics. | Indian Mathematics Association (Delhi) |
| | | (Rest as in the main entry) |

## तृतीय पत्रक

## अतिरिक्त संलेख (विषय)

| | | |
|---|---|---|
| Bm44, N81 | Quarterly journal of pure mathematics. | PURE MATHEMATICS-PERIODICALS. |
| | | (Rest as in the main entry) |

## चतुर्थ पत्रक

## अतिरिक्त संलेख (विषय)

| | | |
|---|---|---|
| Bm44, N81 | Quarterly journal of applied mathematics. | APPLIED MATHEMATICS-PERIODICALS. |
| | | (Rest as in the main entry) |

## Ex. 77 : (सामयिकी के नाम में परिवर्तन तथा दूसरे धारावाहिक में सम्मिलन)

1. British Society of Students (London) sponsored the publication of a periodical named **Quarterly Journal of Mechanics,** which was started in 1952. It Completes on volume in one calender year. No volume was published in 1955 due to some reasons. The call number of the periodical is 532.5 QUA
2. The periodical changed its name in 1965 to **Quarterly Journal of Mechanies and Applied Mathematics.**
3. There was no change in the numbering of volumes and periodicity.
4. After the publication of volume 23 this periodical was absorbed by another periodical called **Journal of Pure and Applied Sciences,** whose call number was Am3, N50.
5. Library subscribed all the periodicalls till the year 1991.
6. Use inclusive notation for accession numbers.
7. The class number of the periodical is B7m 56, N52.

## ग्रन्थात्मक विवरण का विश्लेषण

1. चूँकि सामयिकी जिसका नाम Quarterly journal of mechanics है सन् 1952 में प्रकाशित होना शुरू हुआ तथा 1965 में इसका नाम परिवर्तित हो गया इसलिए यह 1964 तक ही इस नाम से प्रकाशित हुआ।
2. इस प्रकार इन के खण्डों की गणना निम्न प्रकार होगी –

| | |
|---|---|
| 1952 में खण्ड-1 | 1955 में कोई खण्ड नहीं |
| 1953 में खण्ड-2 | 1956 में खण्ड-4 |
| 1954 में खण्ड-3 | ∴ 1964 में खण्ड-12 |

3. सामयिकी की आवधिकता मुख्य संलेख में आवधिकता क्षेत्र में अंकित नहीं की जायेगी क्योंकि यह सामयिकी के शीर्षक में ही संलग्न है।

## मुख्य संलेख-1

| | |
|---|---|
| B7m56,N52<br><br>324-336 | Quarterly journal of mechanics/sponsored by the British Society of Students (London) · – Vol.1 (1952)– v. 12 (1964) · – London : British Society of Students, 1954-64.<br>12v.; 28 cm.<br>ISSN 0-567218<br>Library lacks v.7<br>No v in 1955<br>Continued by : Quarterly journal of mechanics and applied mathematics<br>1. Mathematics-Periodicals 2. Mechanics–Periodicals I. British Society of Student (London) |

## मुख्य संलेख-2

| | | |
|---|---|---|
| B7m56, N52 | Quarterly journal of mechanics and applied mathematics/ sponsored by the British Society of Students (London) · – V. 13 (1965)– v. 23 (1975) · – London : The British Society of Students, 1965-75. | |
| 335-345 | 23v. | |
| | Continues : Quarterly journal of mechanics/sponsored by the British Society of Students (London) | |
| | Absorbed by : Journal of pure and applied sciences. | |
| | 1. Mathematics-Periodicals. 2. Mechanics–Periodicals I. British Society of Student (London). | |

## मुख्य संलेख-3

| | | |
|---|---|---|
| Am3, N50 | Journal of pure and applied sciences · – V.1 (1950)–v.26 (1975) · – [s.l.: s.n.], 1950–75. | |
| 501-26 | 26v. | |
| | 1. Natural sciences-Periodicals. | |

## मुख्य संलेख-4

| | | |
|---|---|---|
| Am3, N50 | Journal of pure and applied sciences · – V.27 (1976)– v.42 (1991) · – [s.l.: s.n.], 1976–91. | |
| | 42v. | |
| | Absorbed : Quarterly journal of mechanics and applied mathematics. | |
| | 1. Natural sciences-Periodicals. | |

## प्रथम पत्रक

### इतर संलेख (विषय-1)

| | | |
|---|---|---|
| 532.5<br>QUA | | MATHEMATICS-PERIODICALS<br>Quarterly journal of mechanics/sponsored by |
| | | (Rest as in the main entry) |

### इतर संलेख (विषय-2)

| | | |
|---|---|---|
| 532.5<br>QUA | | MECHANICS-PERIODICALS<br>Quarterly journal of mechanics/sponsored by |
| | | (Rest as in the main entry) |

### इतर संलेख (प्रायोजक निकाय)

| | | |
|---|---|---|
| 532.5<br>QUA | | British Society of Students (London)<br>Quarterly journal of mechanics/sponsored by |
| | | (Rest as in the main entry) |

## द्वितीय पत्रक

### इतर संलेख (विषय-1)

| | | |
|---|---|---|
| B7m56, N52 | | MATHEMATICS-PERIODICALS<br>Quarterly journal of mechanics and applied mathematics. |
| | | (Rest as in the main entry) |

### इतर संलेख (विषय-2)

| | | |
|---|---|---|
| B7m56, N52 | | MECHANICS-PERIODICALS<br>Quarterly journal of mechanics and applied mathematics. |
| | | (Rest as in the main entry) |

### इतर संलेख (प्रायोजक निकाय)

| | | |
|---|---|---|
| B7m56, N52 | | British Society of Students (London)<br>Quarterly journal of mechanics and applied mathematics. |
| | | (Rest as in the main entry) |

## तृतीय पत्रक

## इतर संलेख (विषय-1)

| | | |
|---|---|---|
| | | NATURAL SCIENCES-PERIODICALS |
| Am3, N50 | Journal of pure and applied sciences. | |
| | | (Rest as in the main entry) |

## चतुर्थ पत्रक

## इतर संलेख (विषय-1)

| | | |
|---|---|---|
| | | NATURAL SCIENCES-PERIODICALS |
| Am3, N50 | Journal of pure and applied sciences | |
| | | (Rest as in the main entry) |

## Ex. 79 : (सामयिकी का नाम परिवर्तन तथा दूसरे सामयिकी में सम्मिलन)

**News Letter**

Sponsored by

Division of Cataloguing and Classification

Indian Library Association

The above journal was started in 1933 from Vol. 5

In 1938 the title was changed as

**Journal of Cataloguing and Classification**

Division of Cataloguing and Classification

Indian Library Association

After Vol. 16 (1948) the above journal was ceased to be published and was merged into a new journal named as

**Library Herold and Technical Services**

Division of Cataloguing and Classification,

Indian Library Association

(which was published upto 2004)

---

**Other informations :**

1. The class number of **News Letter** is 2m44, N33
2. The class number of **Journal of Cataloguing and Classification** is 2:51m,N38
3. The class number of Library **Herold and Technical Services** is 2:97m,N57
4. Volume numbering started a fresh.
5. Library has all the volumes.

## ग्रन्थात्मक विवरण का विश्लेषण

1. चूँकि सामयिकी News Letter, 1933 में प्रकाशित होना प्रारम्भ हुआ तथा 1938 में नाम बदल गया अर्थात 1937 (Vol.5) तक प्रकाशित हुआ है अतः आंकिक क्षेत्र में यही उल्लेख किया जायेगा।
2. प्रकाशन का स्थान नहीं दिया गया है उसके स्थान पर दीर्घ कोष्ठक में [s.l.] लिखा गया है।
3. प्रकाशक का नाम भी नहीं दिया गया है लेकिन सम्भावना है कि इसके प्रयोजक निकाय ने ही इसका प्रकाशन कराया होगा इसलिए दीर्घ कोष्ठक में प्रश्न चिन्ह के साथ सम्भावना जताते हुए **आईएलए** का नाम लिखा गया है।
4. प्रकाशन वर्ष के लिए दो खण्डों का प्रकाशन वर्ष संयुक्त करके दिया गया है

## मुख्य संलेख-1 (News Letter)

| | | |
|---|---|---|
| 2m44,N33 | News | letter/sponsored by Indian Library Association, |
| | | Division of Cataloguing and Classification ·– V.1 (1933)–v.5 (1937) ·–[s.l.] [Indian Library Association?], 1933-1937 |
| 4656.4660 | | 5v. |
| | | Quarterly |
| | | Continued by : Journal of cataloguing and |
| | class | ification |
| | | 1. Library Science-Periodicals I.Indian |
| | Libr | ary Association, Division of Cataloguing and |
| | Class | ification |

## इतर संलेख (विषय)

| | | |
|---|---|---|
| 2m44, N33 | News | LIBRARY SCIENCE-PERIODICALS<br>letter/sponsored by Indian Library Association, |
| | | (Rest as in the main entry) |

## इतर संलेख (प्रायोजक निकाय)

| | | |
|---|---|---|
| 2m44,N33 | News | Indian Library Association, Division of Cataloguing and Classification<br>letter/sponsored by Indian Library Association, |
| | | (Rest as in the main entry) |

## मुख्य संलेख-2 (Journal of Cataloguing & Classification)

1. चूँकि सामयिकी का 1938 में उपरोक्त नाम हुआ है इसलिए 1938 में Vol.6 प्रकाशित हुआ तथा यह 1949 में प्रकाशित होकर बन्द हो गया। इस प्रकार आंकिक क्षेत्र में · –V.6 (1938)–v. 16 (1948) अंकित किया जायेगा।
2. चूँकि इस सामयिकी का नाम News Letter नामक सामयिकी से परिवर्तित हुआ है तथा यह एक अन्य सामयिकी में मिला भी है अतः ये दोनों बातें टिप्पणी क्षेत्र में अंकित की गई हैं।

3. इसकी परिग्रहण संख्या के लिए पहले सामयिकी के बाद वाले क्रमांक दिये गये हैं।

| 2:51m, N38 | Journal of cataloguing and classification/sponsored |
|---|---|
| 4661-4671 | by Indian Library Association, Division of Cataloguing and Classification ·–V. 6 (1938)-v. 16 (1948) ·–[s.l.]: [Indian Library Association?], 1938-1948.<br>6 v.<br>Quarterly<br>Continues : News letter<br>Merged with : Library herold and technical services<br>1. Cataloguing-Periodicals 2. Classification-Periodicals I.Indian Library Association, Division of Cataloguing and Classification |

## इतर संलेख (विषय-1)

| 2:51m, N38 | CATALOGUING - PERIODICALS<br>Journal of cataloguing and classification/sponsored |
|---|---|
| | by Indian Library Association,.....<br>(Rest as in the main entry) |

## इतर संलेख (विषय-2)

| | | |
|---|---|---|
| | | CLASSIFICATION - PERIODICALS |
| 2:51m, N38 | Journal of cataloguing and Classification/sponsored | |
| | | by Indian Library Association, ..... |
| | | (Rest as in the main entry) |

## इतर संलेख (प्रायोजक निकाय)

| | | |
|---|---|---|
| | | Indian Library Association, Division of Catalogyting and Classification |
| 2:51m,N38 | Journal of cataloguing and classification/sponsored | |
| | | by Indian Library Association, ...... |
| | | (Rest as in the main entry) |

## मुख्य संलेख-3
## (Library Herold and Technical Services)

1. इस सामयिकी की वर्ग संख्या N 57 से ज्ञात हो रहा है यह 1957 से निरन्तर प्रकाशित हो रहा है तथा इसमें पूर्व सामयिकी 1948 में आकर मिला है इसलिए इसकी खण्ड संख्याओं की गणना निम्न प्रकार होगी

| | |
|---|---|
| 1957 में Vol.1 | 1987 में Vol.31 |
| 1967 में Vol.11 | 1997 में Vol.41 |
| 1977 में Vol.21 | 2004 में Vol.48 |

2. गणना से प्राप्त हुआ है कि 2004 में Vol. 48 प्रकाशित हुआ है इसके बाद प्रकाशन बंद हो गया है इसके लिए आंकिक क्षेत्र में ·–v.1(1957)–v.48 (2004) लिखा जायेगा।

3. चूँकि सामयिकी 2004 तक प्रकाशित हुआ है अत: कुल खण्डों की संख्या लिखी जायेगी।

4. चूँकि इस सामयिकी ने पूर्व सामयिकी को अपने में मिलाया है इसलिए इसका उल्लेख टिप्पणी क्षेत्र **Merger of** लिखकर उस सामयिकी का नाम लिखा जायेगा।

| | | |
|---|---|---|
| 2:97m,N57 | Library herold and technical serices/sponsored by | |
| 4672 | | Indian Library Association, Division of Cataloguing and Classification · – V.1 (1957)–v.48(2004) ·–[s.1.] : [Indian Library Association?], 1957-2004<br>v.<br>Querterly<br>Merger of : Journal of cataloguing and classification<br>1. Library Science - Periodicals 2. Technical services-Periodicals I.Indian Library Association, Division of Cataloguing and Classification |

## इतर संलेख (विषय-1)

| | | |
|---|---|---|
| | | LIBRARY SCIENCE - PERIODICALS |
| 2:97m,N57 | Library herold and technical services/sponsored by | |
| | | Indian Library Association,<br>(Rest as in the main entry) |

## इतर संलेख (विषय-2)

| | | |
|---|---|---|
| | | TECHNICAL SERVICES-PERIODICALS |
| 2:97m,N57 | Library herold and technical services/sponsored by | |
| | | Indian Library Association,<br>(Rest as in the main entry) |

## इतर संलेख (प्रायोजक निकाय)

| | | |
|---|---|---|
| | | Indian Library Association, Division of Cata-<br>loguing and Classification |
| 2:97m,N57 | Library herold and technical services/sponsored by | |
| | | Indian Library Association,<br>(Rest as in the main entry) |

Ex. 80: (सामयिकी का सम्मिलन, विलयन तथा नाम परिवर्तन)

**Quarterly Journal of Science**

Sponsored by
Chinese Society of Scientists
(Vol.1 to Vol.4 (1982 to 1986)

1. There being no volume in 1985.
2. Library has not received Vol. 1 and 2.
3. The class number of the Journal is Am 41, N82

In 1987, **Scientific Monthly,** sponsored by the **Indian Society of Scientists** got merged with the above journal. The class number continued as existing in above journal.

In 1990 there was changed of title and also in sponsoring body. The new title was **Journal of Science** sponsored by **the Society of Chinese Scientists.** The volume numbering was again started from 1. Now its class number become Am41, N90. The journal is regularly being published.

## (Quarterly Journal of Science)

1. इस सामयिकी की आख्या एवम् प्रायोजक निकाय में कोई समस्या नहीं है।
2. चूँकि 1985 में कोई खण्ड प्रकाशित नहीं हुआ है इसलिए आंकिक क्षेत्र में ·–v.1(1982)–v.4(1986) लिखा जायेगा। जैसे 1986 में 5वाँ खण्ड प्रकाशित होना चाहिए था लेकिन एक वर्ष प्रकाशित नहीं हुआ।
3. प्रकाशन स्थान तथा प्रकाशक का नाम नही दिया गया है इसलिए दीर्घ कोष्ठक में [s.l. : s.n.] लिखा गया है।
4. प्रकाशन वर्ष प्रथम खण्ड का तथा अन्तिम खण्ड दोनों का 1982-1986 लिखा गया है।
5. आवधिकता (Periodicity) पुनः नहीं लिखी गई है क्योंकि यह सामयिकी की आख्या में ही संलग्न है।
6. टिप्पणी क्षेत्र में जो खण्ड ग्रन्थालय में उपलब्ध नहीं है उनकी सूचना भी दी गई है।

### मुख्य संलेख-1

| | | |
|---|---|---|
| Am,41,N82 | Quar | terly journal of science/sponsored by Chinese |
| 8691-8692 | | Society of Scientists ·– V.1(1982)-v.4(1986) ·– [s.l.: s.n.], 1982-1986<br>4v.<br>No v in 1985<br>Library set lacks v.1 and 2<br>Merger of : Scientific monthly<br>1. Science-Periodicals I. Chinese Society of |
| | Scien | tists |

**नोट** – चूँकि ग्रन्थालय में खण्ड संख्या 1 एवम् 2 प्राप्त नहीं हुई है इसलिए Accession Number भी केवल दो के लिखे जायेंगे। जैसे 8691-8692.

## इतर संलेख (विषय)

| | | |
|---|---|---|
| Am41, N82 | Quar | SCIENCE-PERIODICALS<br>terly journal of science/sponsored by Chinese |
| | | Society of Scientests · –<br>(Rest as in the main entry) |

## इतर संलेख (प्रायोजक निकाय)

| | | |
|---|---|---|
| Am41,N82 | Quar | Chinese Society of Scientist<br>terly journal of science/sponsored by Chinese |
| | | Society of Scientists · –<br>(Rest as in the main entry) |

## (Scientific Monthly)

1. इस सामयिकी के आख्या एवम् प्रायोजक निकाय में कोई समस्या नहीं है।
2. चूँकि इस सामयिकी की वर्ग संख्या वही है जो पहले वाले की है अतः इससे ज्ञात हो रहा है कि यह भी 1982 में ही प्रारम्भ हुआ था तथा 1986 में मिल गया। इसलिए आंकिक क्षेत्र में · – **V.1 (1982)– v.5 (1986)** लिखा जायेगा। यहाँ खण्ड की क्रम संख्या एक बढ़ गई है क्योंकि पूर्व में 1985 में कोई खण्ड प्रकाशित नहीं हुआ था।
3. इस प्रकार 5v. लिखा जायेगा।
4. चूँकि यह सामयिकी पूर्व सामयिकी में मिल गया है इसलिए टिप्पणी क्षेत्र में Merged with लिखकर पूर्व सामयिकी का नाम लिखा जायेगा।
5. इसके लिए परिग्रहण संख्या अलग दी गई है

## मुख्य संलेख-2

| | | |
|---|---|---|
| Am41,N82 | Scientific monthly/sponsored by Indian Society of | |
| 8693-8697 | | Scientists · – V.1 (1982)– v.5 (1986) · – [s.l.:s.n.], 1982–1986.<br>5v.<br>Merged with : Quarterly journal of science<br>1. Science–Periodicals I.Indian Society of Scientists. |

## इतर संलेख (विषय)

| | | |
|---|---|---|
| | | SCIENCE-PERIODICALS |
| Am41,N82 | Scientific monthly/sponsored by Indian Society of | |
| | | Scientists<br>(Rest as in the main entry) |

## इतर संलेख (प्रायोजक निकाय)

| | | |
|---|---|---|
| | | Indian Society of Scientists |
| Am41, N82 | Scientific monthly/sponsored by Indian Society of | |
| | | Scientists<br>(Rest as in the main entry) |

## मुख्य संलेख-3

**(उस सामयिकी के लिए जिसमें उपरोक्त सामयिकी मिला अर्थात Quarterly Journal of Science)**

1. चूँकि 1987 में यह सामयिकी Scientific Monthly से मिला तथा 1990 में नाम परिवर्तत हो गया इसलिए 1989 तक ही रहा। इसलिए इसके आंकिक क्षेत्र में ·– **V.5 (1987)– v.7 (1989)** लिखा जायेगा।
2. टिप्पणी क्षेत्र में इस बात का भी उल्लेख किया जायेगा कि इसने किस सामयिकी को अपने में मिलाया है।
3. साथ ही यह भी टिप्पणी क्षेत्र में दिखाया जायेगा कि इसका नाम परवर्तित हो गया है।

४. चूँकि सामयिकी के नाम में उसकी आवधिकता भी जुड़ी हुई है अतः आवधिकता क्षेत्र में पुनः नहीं लिखी जायेगी।

| | |
|---|---|
| Am41,N82 | Quarterly journal of science/sponsored by Chinese |
| 8700–8702 | Society of Scientists ·– V.5 (1987)–v.7 1989) ·– [s.l. : s.n.], 1987-1989.<br>Merger of : Scientific monthly<br>Continued by : Journal of science<br>1. Science-Periodicals I. Chinese society of Scientists |

## इतर संलेख (विषय)

| | | |
|---|---|---|
| Am41,N82 | Quarterly journal of science/sponsored by Chinese | SCIENCE-PERIODICALS |
| | | Society of Scientists · – <br> (Rest as in the main entry) |

## इतर संलेख (प्रायोजक निकाय)

| | | |
|---|---|---|
| Am41,N82 | Quarterly journal of science/sponsored by Chinese | Chinese Society of Scientists |
| | | Society of Scientists · – <br> (Rest as in the main entry) |

## मुख्य संलेख-4

**(परिवर्तित आख्या अर्थात Journal of Science)**

1. चूँकि यह सामयिकी 1990 में प्रारम्भ हुआ है तथा इसके सम्बन्ध में यह दिया गया है कि इसके खण्डों की संख्या नये सिरे से प्रारम्भ होगी इसलिए खण्ड संख्या 1 से प्रारम्भ की गई है तथा चूँकि यह निरन्तर अभी प्रकाशित भी हो रहा है इसलिए उस हेतु 4 अक्षर का खाली स्थान छोड़ा जायेगा।
2. केवल v लिखा जायेगा क्योंकि प्रकाशित खण्डों की पूर्ण संख्या ज्ञात नहीं है।
3. इसके टिप्पणी क्षेत्र में Continues : Quarterly journal of science लिखा जायेगा।

## मुख्य संलेख-4

| | | |
|---|---|---|
| Am41,N90 | Journal of science/sponsored by Chinese Society of | |
| | | Scientists ·–V.1 (1990)- ·–[s.l.:s.n.], 1990. |
| | | v. |
| 8703 | | Quarterly |
| | | Continues: Quarterly journal of science |
| | | 1. Science-Periodicals I.Society of Chinese |
| | Scientists | |

## इतर संलेख (विषय)

| | | |
|---|---|---|
| | | SCIENCE-PERIODICALS |
| Am91, N90 | Journal of science/sponsored by chinese Society of | |
| | | Scientists · – |
| | | (Rest as in the main entry) |

## इतर संलेख (प्रायोजक निकाय)

| | | |
|---|---|---|
| | | Chinese Society of Scientists |
| Am41, N90 | Journal of science/sponsored by Chinese Society of | |
| | | Scientists · – |
| | | (Rest as in the main entry) |

**********

# 13
# विशिष्ट सामग्री
# (Specific Material)

ग्रन्थालयों में मूल रूप से अधिक से अधिक संख्या में पुस्तकें एवम् पत्र-पत्रिकाएँ ही अधिक संग्रहीत किए जाते रहे हैं। इनके अतिरिक्त ग्रन्थालयों में सन्दर्भ एवम् अनुसंधान के प्रयोगार्थ पाण्डुलिपियाँ, मानचित्र, एटलस, थीसिस, पेटेन्ट्स, मानक, व्यापारिक साहित्य, स्पेसीफिकेशन आदि भी सग्रंहीत किये जाते हैं। इसके साथ ही प्रौद्योगिकी के विकास के कारण ग्रन्थालयों में संग्रहीत की जाने वाली सामग्री के प्रकारों में अत्यधिक परिवर्तन एवम् विकास हुआ है इसलिए वर्तमान ग्रन्थालय सामग्री पूर्व-सामग्री की अपेक्षा विशिष्ट गुणों से युक्त होती है इसलिए इसे ग्रन्थालय के सन्दर्भ में **विशिष्ट सामग्री** कहते हैं। विशिष्ट सामग्री की संख्या में दिन प्रतिदिन तीव्र गति से वृद्धि हो रही है अब विशिष्ट सामग्री के अन्तर्गत कोर्टोग्राफिक सामग्री, माइक्रोफोर्म, ध्वनि अभिलेख, चलचित्र, वीडियो अभिलेख, मैगनेटिक टेप, डिस्क, डिजीटल रिकार्डिंग, कैसिट्स, सीडीज्, आदि सम्मिलित की जाती हैं। इसके साथ ही श्रव्य-दृश्य उपकरण भी ग्रन्थालयों में सग्रहीत किये जा रहे हैं जिनके प्रसूचीकरण के नियम कुछ भिन्न हैं।

## विशिष्ट सामग्री का प्रसूचीकरण (Cataloguing of Specific Material)

ग्रन्थ और पत्र-पत्रिकाओं का प्रसूचीकरण करने के लिए ग्रन्थपरक विवरण सामान्यतया इनकी भौतिक प्रकृति तक सीमित रहता है परन्तु विशिष्ट सामग्री के प्रसूचीकरण हेतु उसकी अन्तर्वस्तु का पूर्णतः तथा अत्यन्त विशिष्टता के साथ वर्णन करना आवश्यक है क्योंकि विशिष्ट सामग्री को उपयोक्ता द्वारा प्रत्यक्ष रूप से जाँचा-परखा नहीं जा सकता और इनके अवलोकन हेतु किसी न किसी सहायक उपकरण की आवश्यकता अवश्य होती है इसलिए इनके सृजनकर्त्ताओं का परिपूर्ण विवरण संलेख में देना आवश्यक है। भौतिक विवरण भी विस्तार से संलेख में दिया जाना चाहिए

जिससे उपयोक्ता विशिष्ट सामग्री का अधिक से अधिक ज्ञान प्राप्त कर सकें।

वैसे तो भिन्न-भिन्न प्रकार की विशिष्ट सामग्री के प्रसूचीकरण हेतु अलग-अलग अन्तर्राष्ट्रीय ग्रन्थपरक मानक विवरण (ISBDs) निर्मित किए गये हैं जैसे –

| | | | | |
|---|---|---|---|---|
| ISBD (M) | जहाँ | M | → | Monograph |
| ISBD (S) | जहाँ | S | → | Serials |
| ISBD (CM) | जहाँ | CM | → | Cartographic Materials |
| ISBD (PM) | जहाँ | PM | → | Printed Music |
| ISBD (CP) | जहाँ | CP | → | Component Parts |
| ISBD (OB) | जहाँ | OB | → | Old Books |
| ISBD (CF) | जहाँ | CF | → | Computer Files |
| ISBD (AV) | जहाँ | AV | → | Audo visual Material |

पर उपरोक्त मानकों के अतिरिक्त एक सामान्य ग्रन्थपरक मानक (ISBD-General) भी है जो सभी प्रकार की सामग्री के प्रसूचीकरण में सहायता करता है। वह निम्न प्रकार है।

**मुख्य संलेख** – आईएसबीडी (जी) में मुख्य संलेख हेतु डेटा तत्वों के निम्न 8 क्षेत्र दर्शाये गये हैं।

**1. आख्या एवम् उत्तरदायित्व विवरण का क्षेत्र**

इस क्षेत्र में विशिष्ट सामग्री की आख्या अंकित की जाती है। आख्या के बाद ही बड़े कोष्ठक (Square bracket) में जीएमडी (GMD- General Material Designation) अर्थात सामग्री का स्वरूप क्या है? जैसे वह नक्शा है एटलस है, डिस्क है अथवा सीडी है लिखा जाता है जिससे उपयोक्ता को प्रसूची देखने से यह ज्ञात हो सके कि विशिष्ट सामग्री क्या है। इसके बाद बराबर का चिन्ह (=) लगाकर समान्तर आख्या तथा उपाख्या हो तो अंकित की जाती है तथा इसी क्षेत्र में तिर्यक रेखा (Stroke) लगाकर उसके सृजनकर्ता का नाम अंकित किया जाता है अर्थात व्यक्तिगत व समष्टि निकाय के नाम को ज्यों का त्यों सामान्य क्रम में लिखते हैं तथा यदि सृजनकर्ता

के तीन से अधिक-नाम हैं तो नियम के अनुसार (जैसा हम पुस्तकों का प्रसूचीकरण करते समय करते हैं) प्रथम नाम को लिखकर बड़े कोष्ठक [el.al] लिखा जाता है **उदाहरण** –

Explore it [Map] = Philadelphia style/R.K. Sharma ... [el.al].

## 2. संस्करण क्षेत्र (Edition Area)

इस क्षेत्र में यदि संस्करण कोई है तो वह पुस्तकों की भाँति ही लिखा जाता है यदि संस्करण से सम्बन्धित उत्तरदायित्व है तो तिर्यक रेखा के बाद लिखा जाता है।

## 3. गणितीय डेटा क्षेत्र (Mathematical Data Area)

गणितीय डेटा क्षेत्र में सामान्यतया कोई scale इत्यादि दिया गया हो तो उससे सम्बन्धित सूचना इस क्षेत्र में प्रस्तुत की जाती है जिसमें मुख्य रूप से तीन तत्व सम्मिलित होते हैं (अ) Scale (ब) Projection (स) Coordination। **उदाहरण** –

Pakistan Geological Survey : Scale 1: 500,00 ; Conical Projection.

यदि Projection Statement भी दिया गया है तो इसे सेमीकोलन के साथ जोड़ते हैं।

## 4. प्रकाशन/वितरण क्षेत्र (Publication/Distribution Area)

इस क्षेत्र में सूचना उसी प्रकार अंकित की जाती है जिस प्रकार ग्रन्थों के बारे में की जाती है।

## 5. भौतिक विवरण क्षेत्र (Physical Description Area)

भौतिक विवरण क्षेत्र में सामग्री की संख्या,यदि रंगीन है तो उसका विवरण तथा आकार के बारे में सूचना प्रस्तुत की जाती है तथा यदि कोई ग्रन्थमाला है तो इसी क्षेत्र में उसी प्रकार अंकित की जाती है जैसे पुस्तकों से सम्बन्धित की जाती है।

### 6. टिप्पणी क्षेत्र (Notes Area)

आईएसबीडी (एम) के अनुसार सामग्री से सम्बन्धित अन्य कोई सूचना यदि उपरोक्त क्षेत्रों में नहीं प्रस्तुत की जा सकी है तो उसे इस टिप्पणी क्षेत्र में लिखा जाता है जैसे सामग्री कोई ध्वनि अभिलेख है तो उससे सम्बन्धित निम्न सूचना अंकित की जायेगी।

(अ) ध्वनि अभिलेख रिकार्डिंग करने का दिनांक।

(ब) रिकार्डिंग करने वाले का नाम।

(स) विषय-सूची की संक्षिप्त सूचना।

(द) प्रकाशक की संख्या।

### 7. ग्रन्थमाला क्षेत्र (Series Area)

भौतिक विवरण क्षेत्र के बाद ही लघु कोष्ठक में पहले ग्रन्थमाला की विशिष्ट आख्या, समान्तर आख्या (यदि हो), ग्रन्थमाला से सम्बन्धित उत्तरदायित्व विवरण तथा अन्तर्राष्ट्रीय मानक क्रम संख्या, आदि बातें अंकित की जाती है।

### 8. मानक संख्या एवम् उपलब्धता की शर्तें (ISBN Number and Terms of Availability Area)

इस क्षेत्र में सूचना उसी प्रकार अंकित की जाती है जिस प्रकार किसी ग्रन्थ के बारे में अंकित की जाती है। इसमें विशिष्ट सामग्री का मूल्य, कहाँ उपलब्ध है तथा उपलब्ध होने के अन्य कोई शर्त आदि बातें अंकित की जाती हैं।

Ex. 81 : (Specific material – Tourist Map)

**Tourist Map of Northern India**

(Scale : 100 miles in an inch or 1357, 439)

Produced by the
Directorate of Advertising and Visual Publicity
Ministry of Information and Broadcasting
Department of Tourism
Government of India
New Delhi

Published by
Government of India
New Delhi
1992

---

**Other informations :**

Call Number : U8.445 f k4

Acc. No. : 6566

Size : 65×30 cm.

1. References are given.
2. Map is coloured

## ग्रन्थात्मक विवरण का विश्लेषण

1. विशिष्ट सामग्री Tourist Map है जिसकी आख्या स्पष्ट है।
2. इसके सृजनकर्ता का नाम Government of India है इसलिए यह India और उसके अंग के अन्तर्गत प्रविष्ट की जायेगी।
3. उत्तरदायित्व विवरण में वह सभी दिया जायेगा जो कुछ produced by के बाद लिखा हुआ है।
4. प्रकाशक Government of India है।
5. टिप्पणी क्षेत्र में References are given टिप्पणी लिखी जायेगी।

## मुख्य संलेख

| | | |
|---|---|---|
| U8.445fK4 | India | , Directorate of Advertising and Visual |
| 6566 | | Publicity.<br>Tourist map of northern India [map]/produced by the Directorate of Advertising and Visual Publicity, Ministry of Information and Broadcasting, Department of Tourism, Government of India, New Delhi · – Scale : 1 inch to 100 miles or 1357, 439 · – New Delhi : Government of India, 1992.<br>1 map : col.; 65×30 cm.<br>References are given<br>1. India - Travel Maps II.Title |

## इतर संलेख (विषय)

| | | |
|---|---|---|
| U8.445fK4 | India | INDIA-TRAVEL MAP<br>, Directorate of Advertising & Visual Publicity |
| | | (Rest as in the main entry) |

## इतर संलेख (आख्या)

| | | |
|---|---|---|
| U8.445fK4 | India, | Tourist map of northern India.<br>Directorate of Advertising & Visual Publicity |
| | | (Rest as in the main entry) |

## Ex.79 : (Specific Material – Map)

**Minneapolis of Robert Street Maps**

(Scale 1 : 720)

Published by
Van Nostrand Co.
Chicago
1978

The map include
Downtown Minneapolis
Downtown Robert
Minneapolis-Robert and Maltha

---

**Other informations :**

Call Number : U8.73 f L8

Acc. No. : 7358

Size : 81×35 cm; Coloured.

## ग्रन्थात्मक विवरण का विश्लेषण

1. विशिष्ट सामग्री के मुखपृष्ठ पर इसके सृजनकर्ता का कोई उल्लेख नहीं है। इस सम्बन्ध में हम जानते हैं कि किसी ग्रन्थ का यदि कोई लेखक नहीं है तो वह ग्रन्थ आख्या में प्रविष्ट किया जाता है यहाँ ग्रन्थ की आख्या Minneapolis of Robert Street Maps है इसी से मुख्य संलेख निर्मित की जायेगी। फिर जैसा क्रम आख्या से निर्मित संलेख में चलता है उसी प्रकार चलेगा।
2. चूँकि यह नक्शा (Map) है इसलिए GMD में बड़े कोष्ठक में **[Map]** शब्द लिखा जायेगा।
3. अन्य कोई खास बात नहीं है।
4. टिप्पणी क्षेत्र में अन्य बातें दी हुई हैं वे अंकित की जायेंगी।

## मुख्य संलेख

| | | |
|---|---|---|
| U8.73 f L8 | Minneapolis of Robert street maps [map] · – Chicogo | |
| 7358 | | : Van Nostrand, 1978 · – Scale 1 : 720<br>1 map : col.; 81×35 cm.<br>Includes : Downtown Minneapolis; Downtown Robert; Minneapolis-Robert and Maltha.<br>1. Minneapolis–Map |

## इतर संलेख (विषय)

| | | |
|---|---|---|
| U8.73 f L8 | MINNEAPOLIS-MAP<br>Minneapolis of Robert street maps [map] · – Chicago | |
| | | (Rest as in the main entry) |

## Ex. 80 : (Specific Material – Motion Picture)

**The Perfect**
**(Motion Picture)**

Chopra Production
Pankaj Films Distributors, 1993

80 Minutes
Edition B and W
75 mm

Cast – Barnard Shah

Credits
Producer : Raj Kumar Chopra
Director : Ramesh Sehgal
Music : Abid Hussain
Film Editor : R.K. Anand.

---

**Other informations :**

Call Number : M N93

Acc. No. : 9603.

## ग्रन्थात्मक विवरण का विश्लेषण

1. चूँकि विशिष्ट सामग्री चलचित्र (Motion Picture) है और उसका उत्पादनकर्ता (फिल्मों का उत्पादनकर्ता Producer होता है) Chopra Production दिया हुआ है अतः मुख्य संलेख इसी के अन्तर्गत निर्मित किया जायेगा।
2. ग्रन्थ (विशिष्ट सामग्री) की आख्या तथा प्रकाशक के स्थान पर वितरक का नाम दिया हुआ है। इसलिए कोई समस्या नहीं है।
3. अन्य सभी बातें जैसे– Cast, Producer Director आदि के बारे में सूचना टिप्पणी क्षेत्र में दी जायेगी।

## मुख्य संलेख

| | |
|---|---|
| M N93 | Chopra production |
| 9603 | The perfect [motion picture]/Chopra production · – [s.l.] : Pankaj Films, 1993.<br>1. film reel (80 min) ; 75 mm.<br>Cast : Bernard Shah<br>Credits : Producer, Raj Kumar Chopra; direction, Ramesh Segal; music, Abid Hissain; film editor, R.K. Anand<br>1. Carpentry I) Title |

**नोट-1** : प्रकाशन का स्थान नहीं दिया गया है इसलिए उसके स्थान पर [s.l.] लिखा गया है।

**नोट-2** : अन्य जितनी भी बातें दी गई हैं जो अन्य क्षेत्रों में नहीं दी जा सकी हैं वे सभी टिप्पणी क्षेत्र में दी गई हैं।

## इतर संलेख (विषय)

| | | |
|---|---|---|
| M N93 | Chopra production | CARPENTRY |
| | | The perfect (motion picture)/Chopra<br>(Rest as in the main entry) |

## इतर संलेख (आख्या)

| | | |
|---|---|---|
| M N93 | Chopra production | The perfect |
| | | (Rest as in the main entry) |

## Ex. 81 : (Specific material – Microform)

**Introduction of Micrographic**
(Microfilm 66 Feet)

Prepared by
National Microfilm Association

Silver Spring
The Association
1974

---

**Other informations :**

| | | |
|---|---|---|
| Call Number | : | Not known |
| Acc. No. | : | 9603 |
| Copyright year | : | 1974 |
| Size | : | 11×15 cm. |

1. It has one sound cassette also.
2. The microfilm was prepared under the series **Personal Bearing Package**, number 16.

## मुख्य संलेख

| | | |
|---|---|---|
| Call No. | National Microfilm Association | |
| 9603 | | Introduction to micrography [Microfilm] / prepared by National Microfilm Association · – Silver Spring : The Association, c1974.<br>1 Microfilm (66ft.) ; 11×15 cm. + 1 Sound cassette · – (Personal Bearing Package; no. 16)<br>1. Microforms I.Title<br>○ |

## इतर संलेख (विषय)

| | | |
|---|---|---|
| Call No. | | MICROFORMS<br>National Microfilm Association |
| | | (Rest as in the main entry) |

## इतर संलेख (आख्या)

| | | |
|---|---|---|
| Call No. | | Introduction to micrography<br>National Microfilm Association |
| | | (Rest as in the main entry) |

Ex. 82 : (Specific Matenal – Film strip)

## Remodelling of the School Libraries

(Filmstrip)

Produced by
Delhi Board of Education

Prepared Cooperatively by the
Department of Library and Information
Services and Audiovisual Aids

Copyright 1991
by
Indian Library Association

---

**Other informations :**

| | | |
|---|---|---|
| Call Number | : | 232 N91 |
| Acc. No. | : | 7788 |
| Width of the film | : | 96 mm. |

1. The filmstrip contains 85 coloured frames.

## मुख्य संलेख

232 N91 Board of Education (Delhi)

Remodelling of the sochool libraries [Filmsrip]/produced by Delhi Board of Education; prepared cooperatively by the Department of Library and Information Services and Audiovisual Aids

7788 · – [s.l.]: Indian Library Association, c1991

1. Filmstrip : 85 col. frames ; 96 mm.

1. School libraries I.Title

## इतर संलेख (विषय)

SCHOOL LIBRARIES

232 N91 Board of Education (Delhi)

Remodelling of the sochool libraries [Filmstrip]/

(Rest as in the main entry)

## इतर संलेख (आख्या)

Remodelling of the school libraries

232 N91 Board of Education (Delhi)

Remodelling of the sochool libraries [Filmstrip]/

(Rest as in the main entry)

## Ex. 83 : (Specific material : Music Recording)

**Music Words**

by
Shakespeare

The merchant of Venice

Music by
Ralp, Vaugham williams

Oxford University Press
London, 1938.

---

**Other informations :**

| | | |
|---|---|---|
| Class Number | : | Not given |
| Acc. Number | : | 63592 |
| Vocal Score | : | 30p. |
| Size | : | 25 cm. |

## मुख्य संलेख

| | | |
|---|---|---|
| Class No. | Williams, Ralp Vaugham | |
| 63592 | Music words by Shakespeare [Music Recording] : the merchant of venice; music by Ralp Vaugham Williams · – Longon : Oxford University Press, 1938.<br>1 vocal score (30p.); 25 cm.<br>1. Shakespeare I.Title | |

## Added Entry (Subject)

| | | |
|---|---|---|
| Class No. | SHAKESPEARE<br>Williams, Ralp Vaugham | |
| | (Rest as in the main entry) | |

## Added Entry (Title)

| | | |
|---|---|---|
| Class No. | Music words by Shakespeare<br>Williams, Ralp Vaugham | |
| | (Rest as in the main entry) | |

**********